学生国学丛书新编

主编 王 宁
顾问 顾德希

# 文心雕龙

庄 适 选注
卜师霞 校订

# 学生国学丛书新编

主　　编：王　宁
顾　　问：顾德希
特约编辑：凌丽君
审 稿 组：党怀兴　董婧宸　凌丽君
　　　　　赵学清　周淑萍　周玉秀

# 总序之一

## ——在阅读中走近中华优秀传统文化

王　宁

王云五、朱经农主编的《学生国学丛书》，是一套为中学生和社会普及层面阅读古代典籍所做的文言文选本。它隶属在王云五做总主编的《万有文库》之下，1926年开始陆续由商务印书馆出版。20世纪20年代开始策划时，计划出60种，后来逐渐增补，到1948年据说已经出版了90种；因为没有总目，我们现在搜集到的仅有71种。由于今天弘扬中华优秀传统文化和提高文言文阅读能力的社会需要，我们决定对这套丛书进行适应于现代的加工编辑，将它介绍给今天的读者。

在推介这套丛书的时候，我们保存了原编的主要面貌：选书与选篇基本不变，将原书绪言保留下来，每篇选文原注所选的注点，也作为这次新编的重要参考。这样做是为了尽量借鉴前贤的一些构思和做法，并保留当时文言文阅读水平的基本面貌，作为今天的参考。

《学生国学丛书》是本着商务印书馆“昌明教育，开启民智”的一贯宗旨编选的，阅读群体应当主要是当时的中学生。20年代的中学生阅读文言文的水平显然比今天高一些，因为那时阅读文言文的社会环境与现在不同，虽然白话文已经通行，但书信、公文、教科书和报刊中，都还保留了不少文言文。国文课的师资，很多也是在国学上有一些根柢的文士。在知识界和语文教育界，文言文阅读还不是什么难事。今天，文言文阅读水平既关系到继承和弘扬中华优秀传统文化的效能，又关系到现代社会总体人文素质的提高，应当达到什么程度最为合适？民国时期是可以作为一个基准线的。

《学生国学丛书》体现了20世纪之初一些爱国的出版家和教育家把中华优秀传统文化传承给下一代的情怀、理想和实干精神。他们策划这套丛书的宗旨和编则，可资借鉴的地方很多，他们的实践经验、教育精神和国学学养值得我们学习的地方也很多。这一点，是我们了解了丛书的主编和40多位编选者的情况后感受到的。

丛书的主编王云五、朱经农，都是我国20世纪初爱国、革新的出版家。王云五主编《万有文库》，开创了我国图书出版平民化的新纪元，体现了新文化运动中普及文化教育的先进思想。《学生国学丛书》是《万有文库》里专门为中学生编选的，目的是将弘扬民族文化精华的理念带入初等教育，这在当时不能不说是有远见的。两位主编不论在反对封建帝制的革命中，还是在民族危难的救国图强斗争中，都有可圈可点的事迹，值得钦佩。与两位主编合作的40多位编写者，多是辛亥革命的参与者和新文化运动的前沿人物。他们熟悉古代文典，对中国文化理解通透，领悟深刻，又有强烈的反封建意识；其中很多都在中小学教育领域里有过丰富的实践经验，教过国文，编过教材，研究过教法。这里有我们十分熟悉的教育家和文学家，如我国现代教育特别是语文教育的领军人物叶绍钧（他后来的名字是叶圣陶），新文化运动的先驱者、中国革命文艺的奠基人之一、著名作家茅盾（他当时的名字是沈德鸿，后来为大家熟悉的姓名是沈雁冰）。这两位，多篇作品都被收入中学语文课本，20世纪50年代以后的老师、同学是无人不知的。其他如著作丰厚、名震一时的藏书家胡怀琛，国学根柢深厚、考据功底极深、《中国人名大辞典》《中国古今地名大辞典》的主要编写人臧励龢，我国语文教育的改革家庄适等。

20世纪初的中国社会，多种文化思潮纷纭杂沓：改良主义者提出“师夷制夷”“严祛新旧之名，浑融中外之迹”的折中主张；历史虚无主义者在“全盘西化”的徽帜下将西方的一切甚至文化垃圾照单全收；殖民主义文化论者叫嚣中国道德一律低级粗浅，鼓吹欧洲人生活方式总体文明高超；另一方面，封建复辟野心家的代言人则一味复古，用古代的文化糟粕来抵抗新文化的建构。这些，都对比出爱国的出版家、学问家、教育家既要固本又要创新的理想和实践精神的可贵；也让我们认识了新文化运动及革命文学的前沿人物坚守教育阵地的不懈努力，懂得了他们的编纂意图和深厚学养。保留丛书主要面貌，就是对他们成果的尊重和信任。

随着中华优秀传统文化的广泛传播，随着中小学语文教学改革的深入发展，在读书成为教师、家长和渴求文化的大众普遍要求之时，文言文阅读将会是其中一个重要的内容。有人说，文言只是一种古代的书面语，口语交际和现代文本已经不再使用，我们为什么还要学习文言文呢？在推介这套丛书的时候，我们有必要来回答这个问题。

文言是古代知识分子和正统教育使用的书面语言，具有超越时代、超越方言的特性，因而也同时具有了记载数千年中华民族灿烂文化的主要功能，它是与中华民族文明史共存的。许慎《说文解字叙》说汉字的作用是“前人所以垂后，后人所以识古”，这两句话即是对汉字记录的文言说的。我国历史悠久，文化遗产丰富，用文言记录的历史文献，用文言撰写的文学作品，多到不可计数，只有学习它，才能从古知今，以史为鉴。文言所记录的，不仅是古代社会的典章制度和政治经济，还有先贤哲人的人生经验和思想哲理，让我们看到中华民族一代又一代人的智慧。想想看，如果我们及早领会了古人“斧斤以时入山林”的采伐规则，便不会过度开发建材，造成那么多秃山荒岭，把气候搞得这样糟糕。我们读过也理解了“今之孝者是谓能养。至于犬马，皆能有养。不敬，何以别乎”这段话，就会在对待长者时，把他们的尊严看得和他们的生计同等甚至更加重要！“防民之口甚于防川”“水能载舟亦能覆舟”，这是对阻塞言路者多么深刻的警醒。在道德重建的今天，中国传统道德中“己所不欲勿施于人”的利他主义，“爱民”“富民”“民为重”的民本思想，“以不贪为宝”的清廉品德，“志士不忘在沟壑，勇士不忘丧其元”的大义凛然态度，“吾日三省吾身”的自律精神，“君子怀刑”的守法意识……这些，即使在今天的一般阅读中，也已经深入人心。可以想见，进入深度阅读后，我们一定会受到更多的启迪，在阅读中产生更多的惊喜。著名的国学大师、革命家和思想家章太炎，1905年7月15日在东京留学生欢迎会上演讲时说：“近来有一种欧化主义的人，总说中国人比西洋人所差甚远，所以自甘暴弃，说中国必定灭亡，黄种必定剿绝。因为他不晓得中国的长处，见得别无可爱，就把爱国爱种的心，一日衰薄一日。若他晓得，我想就是全无心肝的人，那爱国爱种的心，必定风发泉涌，不可遏抑的。”阅读文言文，就是要使我们具有这种文化自信。是的，遗产是有精华也有糟粕的，古代的未必都适合今天；我们只有真正读懂文典，将历史面貌还原，再有了正确的价值观，才能辨析断识，而不是道听途说，更不会受人蛊惑。在这个意义上，文言文阅读作为吸收中华优秀传统文化的必要途径，绝不是可有可无的。

文言文阅读是产生汉语正确语感的一个重要源泉。汉语不是一潭死水，从古到今，不知吸收了多少其他民族的词汇和句法，也曾经夹杂着很多不雅甚至不洁的成分；但是，文言经过数千年的洗涤、锤炼，已经渐渐将切合者融入，不切合者抛弃。经过大浪淘沙、优胜劣汰而能流传至今的美文巨制，会更加显现汉语的特点。而现代汉语刚刚一个世纪，在根柢不深、修养不佳的人们的口语里、文辞中，常常会受外语特别是英语的影响，受不健康的市井俚语的侵染，产出一种杂糅的语言。我们想在运用现代汉语时真正体现出汉语的特点，比如词汇丰富、句短意深、注重韵律、构造灵活等，提高用健康、优美的汉语表达正确、深刻的思想的能力，文言会带给我们一些天然的汉语语感。热爱自己的本国语言，不断提高运用汉字汉语的能力，这是每一个人文化素养中最重要的表现；克服语言西化、杂糅的最好办法，是在学习规范、优美的现代汉语的同时，对文言也有深入的感受和体验。

文言文阅读还是从根本上理解现代汉语的重要条件。人们都认为现代汉语与文言差别很大，初读时甚至感到疏离隔膜、难以逾越。其实，汉语是一种词根语，词汇和语义的传衍非常直接，文言中百分之七十的词汇、词义，在现代汉语的构词法里都能找到。在书面语里，文言单音词的构词能量有时会比口语词更强。经过辗转引用积淀了深厚文化底蕴的典故、成语，成为使用汉语可以撷取的丰富宝库。如果我们对文言一无所知，是很难深入理解现代汉语的。有些人认为，在语文教学中现代文阅读和文言文阅读是两条线，其实，在词汇积累层面上，应该把它们并成一条线。学习文言与学习现代汉语，在积累词汇、理解意义、体验文化、形成语感方面是相辅相成的。

在推介《学生国学丛书》的时候，我们也有另外一重考虑。这套丛书毕竟经过了将近一个世纪，时代和社会都发生了根本的变化，我们有了更加明确的核心价值观和适应于现代的审美意识，语言、文字、文学、文献、教育都有了更新的研究成果，对丛书进行适度的改编，也是绝对必要的。所以，这次新编，我们主要做了五项工作：第一，为了今天在校学生和普通读者阅读的方便，改竖排为横排，标点符号也随之改为现代横排的规范样式。第二，变繁体字为简化字，在繁简转换的过程中，对在文言文语境中有可能产生意义混淆的用字，做了合理的处理。第三，采用今天所见较好的古籍版本对原书的选文进行了审校，订正了文句的错、讹、脱、衍。第四，对原书的注释进行了修改、加工、调整，使注释更加准确、易懂，对地名和名物词的解释，也补充了最新的资料。第五，撰写了新编导言，放在原书绪言的前面。原编者和新编者对同一部书和同一篇文的看法，或所见略同，或相辅相成，或角度各异，或存在分歧，都能促进阅读者的思考和讨论，引发延展性学习，带动更多篇目和整本书的阅读。

《学生国学丛书》本来是一套开放的丛书，我们还会根据教学和读者的需要，补充一些当时没有被选入的优秀古代典籍的选本，使新编的丛书不断丰富。

我国每年有将近两亿的青少年步入基础教育，一个孩子有不止一位家长，这是一个多么庞大的读书群体。将一个世纪以前的《学生国学丛书》通过新编激活，让它走进一个新的时代，更好地发挥它在语文教育和弘扬我国优秀传统文化中的作用，这是我们之所愿，也希望能使编写这套书的前辈们夙愿得偿。

# 总序之二

## ——植入健康的文化基因

顾德希

优秀的传统文化是中国人的精神家园。学生多读些国学典籍，将有助于把优秀传统文化的基因植入肌体。王宁老师的“总序”，对本丛书的这一编辑意图已有深入全面的阐释，我打算就如何阅读这套丛书，或者说如何阅读文言文，做些补充性说明。

这套丛书的每一本，都专门写了新编导言。这是今日读者和原书连接的桥梁。人们常把桥梁喻为过河的“方法”，所以也可以说，新编导言之所谓“导”，就是力图为各类学生和更多读者提供一些阅读的方法。

这套丛书有好几十本，都是极有价值又有相当难度的国学经典，如不讲究阅读方法，编辑意图的实现会大打折扣。但这些经典差异性很大，《楚辞》和《庄子》的阅读肯定很不同,《国语》和《周姜词》的阅读方法差别就更大，即使同是词，读《苏辛词》与《周姜词》也不宜用完全相同的方法。因此本丛书新编导言所提供的阅读方法，针对性很强，因书而异。但异中有同，某些共性的方法甚至更为重要。不过，这些共性的方法渗透在每一篇导言中，未必能引起足够重视。下面，我想谈谈文言文阅读的四个具有共性的方法。

一、了解作者和相关背景，了解每本书的概貌，对每本书的阅读都很重要，这毋庸置疑。但一般读者了解这类相关知识，目的仅在于走近这本书。因而涉及作者、背景、概貌等，导言中一般不罗列专业性强的知识，而诉诸比较精要的常识性叙述。比如对《吕氏春秋》作者吕不韦，并没有全面介绍，也没有像过去那样从伦理道德上对这个历史人物加以贬抑，而只侧重叙述了他作为政治家的特点，因为明乎此便很有助于了解《吕氏春秋》。又如《世说新语》的成书背景有其特殊性，也需要了解，但限于篇幅，叙述的浓缩度很大。凡此种种必要的常识，新编导言里一般是点到为止，只要细心些，便不难从中获得多少不等的启发。兴趣浓厚者，查找相关知识也很容易。

二、借助注解疏通文本大意之后，就要反复诵读。某些陌生的词句，更要反复诵读。一句话即使反复诵读二十遍也用不了两三分钟，但这两三分钟却非常重要。

“诵读”是出声音的读，但并不是朗诵。大家所熟悉的现代文朗诵，不完全适用于文言诗文。朗诵往往是读给别人听，诵读却是读给自己听。古人所谓“吟咏”，是适合于当时人自己感悟的一种诵读。今天的诵读，用普通话即可，节奏、抑扬、强弱、缓急，都无客观规定性，可随自己的感受适当处理。如果阅读文言文而忽略了诵读，效果至少打一个对折。不念出声音的默读，是只借助视觉器官去感知；出声音的诵读，是把视觉、听觉都动员起来的感知，其所“感”之强弱不言而喻。而且一旦读出声音，就让声带、口腔等诸多器官的运动参与进来了，凡诉诸运动器官的记忆，最容易长久。会骑车的人，多年不骑，一登上车还是会骑。因为骑车的感觉是一种运动记忆。文言语感的牢固形成与此类似。古人所谓“心到、眼到、口到”之说，实在是高效形成文言语感的极好方法。不管是成篇诵读，片段诵读，还是陌生词句的反复诵读，都是提升文言文阅读能力的好办法。本丛书的每一篇新编导言并未反复强调“诵读”，但各种阅读建议无不与某些片段的反复读相关。既读，就要“诵”，这是文言文阅读的根本方法。

三、应用。这是与文言翻译相对而言的。把文言文阅读的重点放在“翻译”上，副作用很多。一是不可避免信息的丢失。概念意义、情味意蕴，都会丢失。课堂教学中让学生把一篇文言文从头到尾“对号入座”地搞翻译，是文言教学中的无奈之举。一句一句，斤斤计较于文言句法词法和现代汉语的异同，结果学生的诵读时间没有了，刻意去记的往往是别别扭扭的“译文”，而精彩的原文反倒印象模糊，这不是买椟还珠吗！所以，在疏通大意、反复诵读的同时，一定要重视“应用”。应用，就是把某些文言词句直接“拿来”，用在自己的话语当中。比如，在复述大意时，在谈阅读感受理解时，不妨直接援引几句原话。如果能把原文中的某些语句就像说自己的话一样，自然而然地穿插到自己的述说中，那就是极好的应用。本丛书新编导言中援引原作并有所点评、有所串释、有所生发之处很多，但绝不搞对号入座的翻译，这不妨看作文言文阅读方法的一种示范。新编导言中有很多建议，要求结合作品谈个什么问题，探究个什么问题，都不同程度地含有这种“应用”的要求。

四、坚持自学。这套丛书，为学生自学文言文敞开了大门。学生文言文阅读的状况永远会参差不齐。同一个班的高中生，有的已把《资治通鉴》读过一遍，有的能写出相当顺畅的文言文，但也有的却把“过秦论”读成“过奏论”，这是常态。只靠面对几十个人的文言课堂讲授，几乎不可能使之迅速均衡起来。只有积极倡导自主性学习，才可能有效提高教学质量。本丛书的新编导言，高度重视对文言自学的引导。每篇新编导言都就怎样去读提出许多建议。这些建议有难有易，不是要求每一个人全都照着去做。能飞的飞，能跑的跑，快走不了的慢走也很好。新编导言在“导”的问题上，从不同层次上提出不同建议，相信各类学生都能找到适合自己的要求。只要选择适合自己或者自己感兴趣的要求，坚持不懈去“读”，去“用”，文言文的自学一定会出现令人惊喜的成果。从这个意义上说，本丛书的每一本，都是适合于各类读者自学国学经典的好读本。每一本中经过精心处理的注解，是自学的好帮手；而每一篇新编导言，又都可对自学起到切实的引导作用。只要方法对，策略恰当，那么这套丛书肯定能帮助我们有效提高文言文阅读水平。

目前，在深化高中语文课改的大背景下，很多学校高度重视突破过去那种一篇篇细讲课文的单一教学模式，开始重视“任务群”的学习，重视整本书的阅读，重视选修课的开设，重视校本课程的建设。在这样的大背景下，如果学校打算从本丛书中选用几本当作加强国学教育的校本教材，那么“新编导言”对使用这本书的教师来说，也可起到某种“桥梁”作用。

不管用一本什么书来组织学生学习，都必须对学生怎样读这本书有恰当引导。这是提高教学质量的一定不移之理。恰当的引导，要有助于各类学生更好地进入这本书的阅读，要有助于各类学生更好地开展自主性学习，要使之在文本阅读中进行有益的探究，并获得成功的喜悦。为了使新编导言的“导”能起到这样的作用，本丛书专门组织了多位一线优秀教师先期进入阅读，并把成功教学经验融入新编导言。因此，我们有理由相信，新编导言可以成为组织学生学习活动的有益借鉴。导言中结合具体作品对阅读所做的那些启发、引导，针对不同水平读者分层提出的那些建议，都将有助于教师结合自己学生的实际情况进一步拟出付诸实施的具体导学方案。

我相信，只要阅读文言文的方法恰当，只要各类读者从实际情况出发，循序渐进地学，优秀传统文化的基因就一定能更好地植入肌体。

# 目　录

# 新编导言

《文心雕龙》是中国文学理论批评史上第一部体系完整、结构严密的著作。作者刘勰，字彦和。《梁书》中记载刘勰自幼笃志好学，但因家境贫困，不能婚娶，于是在定林寺“依沙门僧祐，与之居处，积十余年，遂博通经论”（《梁书·文学下·刘勰传》）。定林寺位于当时建康郊外，藏书丰富，高僧辈出。刘勰曾协助僧祐整理了我国现存的第一部古代佛经目录《出三藏记集》。在此期间，刘勰也精研佛理，博览群书，这对其后来创作《文心雕龙》都产生了重要的影响。《文心雕龙》成书后，并未受到当时文坛的重视。于是刘勰“取定于沈约。约时贵盛，无由自达，乃负其书，候约出，干之于车前，状若货鬻者。约便命取读，大重之，谓为深得文理，常陈诸几案”（《梁书·文学下·刘勰传》）。刘勰也因此于梁武帝天监初年出仕，曾任东宫通事舍人、步兵校尉等职。晚年重回定林寺，卒于寺中，终年六十七岁。

《文心雕龙》成书于齐明帝建武三、四年（公元496—497）。这部著作的产生和中国文学发展有紧密的联系。一方面，中国古典文学自周秦两汉以来，积累了大量的创作经验，尤其到了魏晋时期，“事出于沉思，义归于翰藻”（《昭明文选·序》）的纯文学逐渐兴盛，文学的发展也促进了理论上的自觉总结。鲁迅先生曾说“魏晋是文学的自觉时代”（《魏晋风度及文章与药及酒之关系》）。曹丕的《典论·论文》、陆机《文赋》都对文体特征、创作原则等作出了相应的讨论，《文心雕龙》正是在这样的时代背景下应运而生。和前两者相比，《文心雕龙》在结构上更具有体系性和完整性。另一方面，纯文学写作产生后，发展到齐梁时期，形式主义文风大行其道。刘勰指出从汉末开始“时好辞制”（《时序》），“中朝贵玄，江左称盛。因谈余气，流成文体”（《时序》），“辞人爱奇，言贵浮诡，饰羽尚画，文绣鞶帨，离本弥甚，将遂讹滥”（《序志》）。因此，《原道》篇中开宗明义，提出“道沿圣以垂文，圣因文而明道”，指出“文”的本质应在“明道”，而“明道”的基本途径在“征圣”“宗经”。这为中国文学史上“文以载道”的形成产生了重要的影响。

《文心雕龙》全书五十篇，结构清晰、体系完整。全书可以分为五大部分：总论、文体论、创作论、文学批评与文学史、总序。总论即“文之枢纽”，包括《原道》《征圣》《宗经》《正纬》《辨骚》五篇，“本乎道，师乎圣，体乎经，酌乎纬，变乎骚”(《序志》)。其中前三篇是全书的纲领，“道沿圣以垂文，圣因文以明道”(《原道》)，指出文章应依“道”而作，而“圣”留下的“经”正是“明道”的文章典范。刘勰所处的时代，正值清谈之风盛行，加之佛教盛行，道家、儒家、佛家思想在碰撞中又有融合。儒家传统诗学教化的作用在魏晋受到一定程度的摒弃，《文心雕龙》前三篇可以说是刘勰对文学应以什么思想指导创作的正统宣言。他指出“经”是中国文化的源头，是儒家对三代文明的总结，在文化发展中具有核心地位，同时也强调文学是经学的流变。因此，无论是文学批评和文学创作都应在五经中寻找源头。文体论即“论文叙笔”部分，刘勰按照有韵无韵的标准又区别为“文”“笔”。其中“论文”包括《明诗》等十篇；“叙笔”包括《史传》等十篇。创作论即“剖情析采”，包括从《神思》到《总术》，共二十篇。此部分为全书最为精彩之论，提出很多新的见解，对后世文学创作产生了深远的影响。应该说，刘勰在此部分做出的阐释既是文学创作的原则，也是文学鉴赏的标准。对文学作品如何反映现实问题、创作风格、文学审美等都做出了深刻细致的剖析，体大思周，影响深远。第四部分主要是文学批评和文学史，包括《时序》《才略》等篇章。《序志》为最后一篇，它是全书的总序，说明了本书的创作目的及全书的体系。指出“位理定名，彰乎大易之数，其为文用，四十九篇而已”，确定了“擘肌分理，唯务折衷”的辩证精神，体现出刘勰对儒家、道家、佛家精华的多元吸取。同时也提出“君子处世，树德建言”的人生价值，并批判魏晋以来文学创作忽略儒家传统教化的现实。

《文心雕龙》产生后，取定于沈约，而且刘勰也做过梁昭明太子萧统的东宫通事舍人，但在沈约和萧统留下的文章中，未见其对《文心雕龙》的高度评价，可见《文心雕龙》在文学崇尚声律、辞藻的南北朝时期，并未产生较大的反响。历代对它的评价是和时代的文学取向紧密联系在一起的。中国文学的发展一直伴随着古文和骈文的此消彼长。由于《文心雕龙》本身是以骈文进行创作，因此在提倡古文运动的时代，此书常受冷落。但其在文学史上的价值却逐渐显现，在文论上独到的见解，也足以启发后人。章学诚称其为“《诗品》之于论诗，视《文心雕龙》之于论文，皆专门名家、勒为成书之初祖也”（《文史通义·诗话》）。

我们在阅读《文心雕龙》时，应注意两个问题：

第一，充分认识《文心雕龙》认为文学应具有“文质兼备”标准的现代价值。“文”和“质”，通俗地说，就是文学作品的艺术性和思想性。刘勰在《情采》篇中指出：“夫水性虚而沦漪结，木体实而花萼振：文附质也。虎豹无文，则鞟同犬羊；犀兕有皮，而色资丹漆：质待文也。”用自然和动物作比，形象地说明了文质之间的辩证关系。没有思想内容，过于追求华丽辞藻堆砌的文章会“离本弥甚，将遂讹滥”（《序志》）。而且，为了追求新奇、博得关注的文章写作态度也常会导致“逐奇而失正”(《定势》),因此文章写作应“意新得巧”(《定势》),不要“失体成怪”(《定势》)。在思想内容上,《文心雕龙》还深刻地总结了中国文学的起源与经学之间的密切关联,认为经学在思想上的社会教化功能也应是文学遵从的基本原则。另一方面,刘勰非常重视文学创作的艺术性和审美性,注重语言表达的文采,并将“立文之道”总结为形文、声文和情文三类。由于汉语汉字本身的特点,促使中国文学在表达上重韵律、重节奏,刘勰在《声律》篇中对文章写作在声律上的要求提出了很多创见。总体上,《文心雕龙》认为文学的标准应“文”“质”兼顾,在形式和内容上要取其“中”,既要注重文学表达的形式美,又不能过于追求文风靡丽的形式主义铺排。而这种认识,对于我们今天的写作仍具有极其重要的借鉴意义。

第二,我们在阅读《文心雕龙》时,还要吸取其关于文学创作的具体方法,并和自身的写作相结合。一方面,《文心雕龙》提出的很多创作原则可以学习。例如,《物色》篇中讲情景交融时说“写气图貌,既随物以宛转;属采附声,亦与心而徘徊。故灼灼状桃花之鲜,依依尽杨柳之貌,杲杲为出日之容,瀌瀌拟雨雪之状,喈喈逐黄鸟之声,喓喓学草虫之韵。皎日嘒星,一言穷理;参差沃若,两字穷形”;《夸饰》中讲描绘形象时夸张手法的运用说“神道难摹,精言不能追其极;形器易写,壮辞可得喻其真”。这些具体的创作论对我们阅读和写作都有指导作用。另一方面,《文心雕龙》本身便是骈体文，读起来朗朗上口。在某种意义上，其自身就是文学写作的范本。

原书绪言中已经说明，本注本选取了《文心雕龙》中的《原道》《宗经》及《神思》以下二十四篇，凡二十六篇，供初学者阅读。原注者为庄适，毕业于日本早稻田大学师范部，早期在上海商务印书馆工作，晚年任常州正衡中学教师，是我国第一套小学国文课本的主要参编者。除《文心雕龙》外，他还选注了《晏子春秋》《吕氏春秋》《王士祯诗》等多部典籍。

由于《文心雕龙》以骈体文写成，在语言表达上擅长镕裁经典，因此原注中大量的工作在于指出原文的出处，并对其引用的人物、事件加以解释说明，并未过多着力于字词的训释；此外，在原书绪言中已经说明注释时的参考注本，其中黄侃《文心雕龙札记》和范文澜《文心雕龙注》是其重要的注释来源。因此，原注中较多采用黄季刚、范文澜两位先生的观点，有的直接征引，有的部分摘选化用，阅读时可参照这两部著作，本次修订不再一一加以说明。

# 原书绪言

## 一　本书在中国文学批评史上的地位

文学批评书，负有指导文学逐渐改进的使命，外国把它当作一种专门学问，它的重要，可想而知。我国数千年来，这类的书，很少很少；像魏文帝的《典论·论文》，陆机的《文赋》，李充的《翰林论》等，都是零篇琐简，不成气候，钟嵘的《诗品》，比较齐整，但也算不得完善之作。说到整部的有系统的文学批评作品，不得不推刘勰的《文心雕龙》。

## 二　本书作者——刘勰

刘勰，字彦和，东莞莒人；东莞侨置京口，所以勰住在京口。他父亲刘尚早死，家道很穷，不娶妻，跟着沙门僧祐同居，因此博通佛典。当时文学作风，专尚雕琢，他很不谓然，就作成一部伟著《文心雕龙》，加以评论。他想将书请当代文豪沈约去鉴定，苦于无门可入，乃装作卖书人，候约出时，献给约看，约很赏识，说是“深得文理”。梁天监初年，勰做了临川王萧宏的记室；后来做到步兵校尉，兼东宫通事舍人，很被昭明太子萧统爱接。他从小信佛，都下寺塔及名僧碑志，多半是他制作。末年奉诏撰经，撰成了，烧去须发，要求出家，得诏允许；他就变服为僧，改名慧地。不久死去。

## 三　本书著成的时期

刘氏《文心》何时著成？读他的传，说是将书请沈约去鉴定，而苦于无门可入，可知是沈约贵显时，而沈约在和帝时才贵显，那么此书是齐末主和帝时著成的了。清刘毓崧《书文心雕龙后》也说，书成于齐，且在齐末，举有三证，此处举其二证。《时序》篇有“皇齐驭宝”之语，全书自唐虞至刘宋，都只举代名，独于萧齐加一“皇”字，此证一；《时序》于齐主，皆称祖称宗，与魏晋诸主称谥号而不称庙号者不同，而齐第五主明帝，篇中已称为宗，此后只有在位三年的东昏侯及一年的和帝了，齐末始成书，此证二。他的说法，很是准确。

## 四　刘勰的主张

刘氏作《文心雕龙》有二种主张。第一种前面已略为提示，是不满意当时雕琢的作风，不满意雕琢，便主张自然了。他以为文学的抒写，只在自然，不用故意的造作。原书中标明这个意旨的去处很多:《原道》说:“心生而言立,言立而文明,自然之道也。”《明诗》说:“人秉七情,应物斯感,感物吟志,莫非自然。”这些都可证明他第一种的主张。第二种是主张写实。他以为文学主于情性,应当抒写真实的情感,虚伪夸饰无病而呻的作品,都所不取。《情采》:“诗人什篇,为情而造文;辞人赋颂,为文而造情。……后之作者,采滥忽真,远弃风雅,近师辞赋,故体情之制日疏,逐文之篇愈盛。故有志深轩冕,而泛咏皋壤;心缠几务,而虚述人外。真宰弗存,翩其反矣。”这于写实的主张,说得何等明畅!

## 五　作者立论的态度

刘氏虽不满当时的作风,而另有主张,立论的态度,却非常公正,是则是,非则非,并不同一般批评家的肆口谩骂,也不作广告性的互相标榜。看他《序志》中“有同乎旧谈者,非雷同也,势自不可异也。有异乎前论者,非苟异也,理自不可同也。同之与异,不屑古今,擘肌分理,唯务折衷”数语,可以概见。便是反对雕琢主张自然的一点,他也并不是完全不用辞藻,不过去泰去甚罢了;否则原书句多骈俪,书名又取雕龙,作者将无以自解。

## 六　本书的内容

《文心雕龙》共五十篇,据《序志》,分上下二篇。上篇二十五篇，论文学的原理及文体的变迁；下篇前二十四篇，论修辞的原理及方法，末一篇只算是自序；编制法极有条理，极有组织。但是整理的工夫，似有欠缺；最显著的，如《时序》总论其势，《才略》各论其人，二篇体例相同，应当联接，中间搀入一篇《物色》，殊为不伦；其他排次凌乱的地方还有。至于纯文学与普通文学，晋代就有分别，刘氏还将他混合着说，这也违反了时代的潮流。然而《文心》终不愧为仅有的文学批评杰作，虽有那些疵累，价值仍不减损。

## 七　本编的编例

本编仅选《原道》《宗经》及下篇二十四篇，供初学者之用。

本编讹脱很多，都审慎考正，惟善是从。

注《文心雕龙》的书，据《宋史·艺文志》，有辛氏本，今已不传。至清代而有黄叔琳注本，李详补注本；近时有黄侃《札记》及其高足范文澜注本。本编训解，除编者自注外，余都参采四家。但搜集犹多不及，倘蒙海内博雅，不吝见告，欣幸之至。

# 原道[①]

文之为德也大矣![②]与天地并生者何哉?夫玄黄色杂,方圆体分,[③]日月叠璧,以垂丽天之象;[④]山川焕绮,以铺理地之形;[⑤]此盖道之文也。仰观吐曜,俯察含章,[⑥]高卑定位,故两仪既生矣。[⑦]惟

---

① 原,根本。《序志》:"盖《文心》之作也,本乎道。"道,即自然之道。

② 此句源于《易·小畜》:"君子以懿文德。"

③ 玄黄、方圆,谓天地。《易·坤卦》:"夫玄黄者,天地之杂也,天玄而地黄。"《大戴礼记·曾子天圆》:"天道曰圆,地道曰方。"

④《易·离卦》:"日月丽乎天。"丽,附丽、附着。

⑤《易·系辞上》:"仰以观于天文,俯以察于地理。"天垂象以成文,故称文;地有山川原隰,各具条理,故称理。

⑥ 曜,光耀。含,藏。含章,含章美之道,谓地之文理。《易·坤卦》:"六三,含章可贞。"《易·坤卦》:"含万物而化光。"

⑦《易·系辞上》:"天尊地卑,乾坤定矣;卑高以陈,贵贱位矣。"两仪,谓天地。

人参之，性灵所钟，是谓三才，[①]为五行之秀，实天地之心。[②]心生而言立，言立而文明，自然之道也。傍及万品，动植皆文。龙凤以藻绘呈瑞，虎豹以炳蔚凝姿；[③]云霞雕色，有逾画工之妙；草木贲华，[④]无待锦匠之奇；夫岂外饰，盖自然耳。至于林籁结响，调如竽瑟；泉石激韵，和若球锽；[⑤]故形立则章成矣，声发则文生矣。夫以无识之物，郁然有彩；有心之器，其无文欤？

人文之元，肇自太极。[⑥]幽赞神明，《易》象惟先，[⑦]庖牺画其始，[⑧]仲尼翼其终。[⑨]而乾坤两位，独

---

① 天地人为三才。

② 人为五行之秀气，见《礼记·礼运》。又谓：人为天地之心，五行之端。五行为金木水火土，分行四时，各有其德。

③ 炳，著明貌。蔚，文深密貌。《易·革卦》：“大人虎变，其文炳也。”又：“君子豹变，其文蔚也。”

④ 贲，“斑”的古字，文章貌。

⑤ 球，玉声。锽，钟声。

⑥ 太极谓生天地之前。

⑦ 幽，深。赞，明。《易·说卦》：“昔者圣人之作《易》也，幽赞于神明而生蓍。”

⑧ 庖牺，古帝名。庖牺始作八卦，以通神明之德，以类万物之情。见《易·系辞下》。

⑨ 孔子作《上彖》《下彖》《上象》《下象》《上系》《下系》《文言》《说卦》《序卦》《杂卦》，为十翼。

制《文言》，[①]言之文也，天地之心哉！若乃《河图》孕乎八卦，[②]《洛书》韫乎九畴，[③]玉版金镂之实，丹文绿牒之华；[④]谁其尸之？亦神理而已。自鸟迹代绳，文字始炳，[⑤]炎皞遗事，纪在《三坟》，[⑥]而年世渺邈，声采靡追。唐虞文章，则焕乎始盛；元首载歌，既发吟咏之志，[⑦]益稷陈谟，亦垂敷奏之风。[⑧]夏后氏兴，业峻鸿绩，[⑨]九序惟歌，[⑩]勋德弥缛。[⑪]逮

① 《易》六十四卦，惟《乾》《坤》二卦有《文言》。文，文饰，以乾坤德大，故特文饰以为《文言》。

② 《易·系辞上》："河出图，洛出书，圣人则之。"龙马负图出于河，伏羲法之以画八卦。八卦即《易》之《乾》《坎》《艮》《震》《巽》《离》《坤》《兑》。

③ 《尚书·洪范》："天乃锡禹《洪范》九畴。"禹治水，洛龟负文，有数至九，是为洛书。禹因而第之，以成九畴。九畴，谓治天下之大法，其类有九。

④ 二语皆古时文瑞。

⑤ 上古结绳而治，大事作大结，小事作小结，及黄帝史官仓颉见鸟兽蹄迒之迹，始作书契。见《说文解字叙》。

⑥ 炎皞，皆古帝名。《三坟》，古书名，久亡。

⑦ 《尚书·舜典》载帝歌，有"元首起哉""元首明哉"之语。

⑧ 《尚书》有《益稷》篇。益、稷，皆尧舜时臣。

⑨ 业、绩，功业。峻、鸿，伟大。

⑩ 《尚书·大禹谟》："禹曰：政在养民。水、火、金、木、土、谷，惟修；正德、利用、厚生，惟和。九功惟叙，九叙惟歌。"

⑪ 缛，繁采饰。《论衡·书解》："德弥盛者文弥缛。"

及商周，文胜其质，《雅》《颂》所被，[①]英华日新。文王患忧，繇辞炳曜，[②]符采复隐，精义坚深。重以公旦多材，振其徽烈，剬《诗》缉《颂》，[③]斧藻群言。[④]至夫子继圣，独秀前哲，镕钧[⑤]《六经》，必金声而玉振，[⑥]雕琢情性，组织辞令，木铎起而千里应，[⑦]席珍流而万世响，[⑧]写天地之辉光，晓生民之耳目矣。

爰自风姓，[⑨]暨于孔氏，玄圣创典，素王述训，[⑩]莫不原道心以敷章，研神理而设教，取象乎河洛，

---

① 《诗》分《风》《雅》《颂》。

② 繇，zhòu，繇辞，指《易》之卦辞、爻辞，并是文王所作。盖文王囚于羑里，而演《易》。

③ 公旦，周公旦，武王之弟。《诗·豳风》之《七月》《鸱鸮》，《周颂》之《时迈》，皆周公所作，故曰“剬《诗》缉《颂》”。剬，今作“制”。

④ 斧藻，修饰之意。周公制礼作乐，故曰“斧藻群言”。

⑤ 镕钧，陶铸之意，此处意为编订制作。

⑥ 言孔子之德，犹作乐者以钟发声，以磬收韵，合众音而成之。

⑦ 木铎，施政教时所振之铃，金口木舌。言孔子制作法度，号令天下。

⑧ 《礼记·儒行》：“儒有席上之珍以待聘。”

⑨ 庖牺，风姓。

⑩ 玄圣，指庖牺诸圣。素王，无位而空王之，孔子自以身为素王，故作《春秋》，立素王之法。

问数乎蓍龟，观天文以极变，察人文以成化；然后能经纬区宇，弥纶彝宪，发挥事业，彪炳辞义。故知道沿圣以垂文，圣因文而明道，旁通而无滞，日用而不匮。《易》曰：“鼓天下之动者存乎辞。”[①]辞之所以能鼓天下者，乃道之文也。

赞曰：道心惟微，[②]神理设教。光采元圣，炳耀仁孝。龙图献体，龟书呈貌。天文斯观，民胥以效。[③]

---

① 见《易·系辞上》。辞，爻辞。谓观辞以知得失。

② 《尚书·大禹谟》：“人心惟危，道心惟微。”原出《道经》，两“惟”字为“之”字。

③ 胥，皆。效，效仿。

# 宗经[①]

三极彝训，其书言经。[②]经也者，恒久之至道，不刊之鸿教也；[③]故象天地，效鬼神，参物序，制人纪，洞性灵之奥区，极文章之骨髓者也。皇世《三坟》，帝代《五典》，重以《八索》，申以《九丘》，[④]岁历绵暖，条流纷糅。[⑤]自夫子删述，而大宝咸耀。于是《易》张十翼；[⑥]《书》标七

---

① 《序志》："盖《文心》之作也……体乎经。"宗经，禀经体以为文。

② 三极，三才。《易·系辞上》："三极之道。"谓天地人三才至极之道。彝训，常训。言，唐写本作"曰"。

③ 经，恒常，垂久不刊，故名为经。刊，改变。

④ 《三坟》《五典》《八索》《九丘》，皆古书名，见《左传·昭公十二年》。

⑤ 绵，久长。暖，渺茫不明。纷糅，众杂。

⑥ 十翼，见《原道》注。

观；[1]《诗》列四始；[2]《礼》正五经；[3]《春秋》五例；[4]义既极乎性情，辞亦匠于文理，故能开学养正，昭明有融。[5]然而道心惟微，圣谟卓绝，墙宇重峻，而吐纳自深，譬万钧之洪钟，无铮铮之细响矣。[6]

夫《易》惟谈天，入神致用，[7]故《系》称旨远辞文，言中事隐，[8]韦编三绝，[9]固哲人之骊渊

---

① 《甘誓》《汤誓》《泰誓》《牧誓》《费誓》《秦誓》，六誓可以观义，《酒诰》《召诰》《洛诰》《大诰》《康诰》，五诰可以观仁，《甫刑》可以观诫，《洪范》可以观度，《禹贡》可以观事，《皋陶谟》可以观治，《尧典》可以观美，是谓七观。见《尚书大传》。

② 《诗》分《风》《小雅》《大雅》《颂》：以一国之事，系一人之本，为风；言天下之事，形四方之风，为雅；雅，正也，言王政之所由废兴也；政有大小，故有大小雅之分；美盛德之形容，以其成功告于神明，为颂。是谓四始，《诗》之至也。见《诗大序》。《毛诗》郑玄笺：“始者，王道兴衰之所由也。”

③ 礼之五经，言吉凶军宾嘉五礼。

④ 五例，春秋为例之情有五：微而显；志而晦；婉而成章；尽而不污；惩恶而劝善。见杜预《春秋左氏传》序。

⑤ 《易·蒙卦》：“蒙以养正，圣功也。”谓能以蒙昧隐默，自养正道，乃成圣之功。昭明有融，见《诗·大雅·既醉》。融，长久。

⑥ 三十斤曰钧。铮铮，金属声。

⑦ 《易·系辞下》：“精义入神，以致用也。”

⑧ 《易·系辞下》：“其旨远，其辞文，其言曲而中，其事肆而隐。”

⑨ 孔子晚而喜《易》，读《易》韦编三绝，见《史记·孔子世家》。韦，兽皮，所以缀竹简，古无纸，写书用竹简，以韦缀之，故曰韦编。

也。[①]《书》实记言，[②]而训诂茫昧；通乎《尔雅》，则文意晓然，[③]故子夏叹《书》，昭昭若日月之明，离离如星辰之行，[④]言昭灼也。《诗》主言志，[⑤]诂训同《书》，[⑥]摛风裁兴，[⑦]藻辞谲喻，[⑧]温柔在诵，故最附深衷矣。[⑨]《礼》以立体，[⑩]据事剬范，章条纤曲，执而后显；采掇片言，莫非宝也。《春秋》辨理，[⑪]

---

① 《庄子·列御寇》："夫千金之珠，必在九重之渊而骊龙颔下。"此处言探求真理。

② 古之史官，君举必书，左史记言，右史记事，事为《春秋》，言为《尚书》。

③ 《尔雅》之书，所以通训诂之指归，《史记》记载《尚书》文，多以训诂代之。

④ 子夏读书毕，见于孔子，孔子问焉。对曰："《书》之论事也，昭昭如日月之代明，离离若参辰之错行，上有尧舜之道，下有三王之义。"见《尚书大传》。

⑤ 《诗大序》："《诗》者，志之所之也，在心为志，发言为诗。"

⑥ 诂训，此言毛亨为《诗》所作之传。毛公以《尔雅》之作多为释《诗》，因依其训而为《诗》作传。

⑦ 摛，chī，铺叙。诗有六义，风与兴，皆六义之一。古太史陈《诗》以观民风，故谓之风；先言他物以引起所咏之事为兴。

⑧ 《诗大序》："主文而谲谏。"

⑨ 《礼记·经解》："温柔敦厚，《诗》教也。"衷，谓中心恕之。

⑩ 立体，犹明体。

⑪ 《法言·寡见》："说理莫辩乎《春秋》。"

一字见义，[①]五石六鹢，以详略成文，[②]雉门两观，以先后显旨，[③]其婉章志晦，[④]原已邃矣。[⑤]《尚书》则览文如诡，而寻理即畅；《春秋》则观辞立晓，而访义方隐。此圣人之殊致，[⑥]表里之异体者也。

至根柢槃深，枝叶峻茂，辞约而旨丰，事近而喻远；是以往者虽旧，余味日新，后进追取而非晚，前修久用而未先；可谓太山遍雨，河润千里者也。[⑦]故论说辞序，则《易》统其首；诏策章奏，则《书》发其源；赋颂歌赞，则《诗》立其本；铭诔箴祝，则《礼》总其端；纪传盟檄，则《春秋》为根，并穷高以树表，极远以启疆，[⑧]所以百家腾跃，

---

① 言以一字为褒贬。

② 《春秋》记载：僖公十六年，“陨石于宋五”，“六鹢退飞，过宋都”。详见《公羊传·僖公十六年》及《穀梁传·僖公十六年》。略，或作“备”。

③ 《春秋》记载：定公二年，雉门及两观灾；两观微，雉门大，灾及两观，而先言雉门者，不以微及大也。见《公羊传·定公二年》。

④ 婉章志晦，见“五例”注。

⑤ 原，原本。已，甚。言本义甚深邃。

⑥ 圣人，唐写本作“圣文”。

⑦ 《公羊传·僖公三十一年》：“触石而出，肤寸而合，不崇朝而遍雨乎天下者，惟泰山尔。河海润于千里。”太山，即泰山。

⑧ 《礼记·乐记》：“夫礼乐之极乎天而蟠乎地，行乎阴阳而通乎鬼神，穷高极远而测深厚。”

终入环内者也。若禀经以制式，酌雅以富言，是即山而铸铜，煮海而为盐也。

故文能宗经，体有六义：一则情深而不诡；二则风清而不杂；三则事信而不诞；四则义直而不回[①]；五则体约而不芜；六则文丽而不淫。扬子比雕玉以作器，谓五经之含文也。[②]夫文以行立，行以文传，四教所先，[③]符采相济，励德树声，[④]莫不师圣，而建言修辞，鲜克宗经；是以楚艳汉侈，流弊不还，正末归本，不其懿欤！

赞曰：三极彝道，训深稽古。致化归一，分教斯五。性灵镕匠，文章奥府。渊哉铄乎！[⑤]群言之祖。

---

① 回，邪曲。

② 扬子，汉代扬雄，著《法言》。《法言·寡见》：“玉不雕，玙璠不作器；言不文，典谟不作经。”

③ 《论语·述而》：“子以四教，文，行，忠，信。”列文为首。

④ 此句见《尚书·大禹谟》“皋陶迈种德”，《左传·文公六年》“树之风声”。迈德，即励德，勉力树德。

⑤ 渊，深邃。铄，美好。

# 神思[①]

古人云："形在江海之上，心存魏阙之下。"[②]神思之谓也。文之思也，其神远矣。[③]故寂然凝虑，思接千载；悄焉动容，视通万里；吟咏之间，吐纳珠玉之声；眉睫之前，卷舒风云之色；其思理之致乎！故思理为妙，神与物游。[④]神居胸臆，而志气统其关键；[⑤]物沿耳目，而辞令管其枢机。[⑥]枢机方

---

① 《南齐书·文学传论》："属文之道，事出神思，感召无象，变化不穷。"

② 《庄子·让王》："身在江海之上，心居乎魏阙之下。"原谓身在草野，心怀好爵。此以示人心之无远不届。魏阙，一曰象魏，古宫门悬法之所。

③ 此言思心之用不限于身观，无有幽深远近，皆思理所行，文思亦如此。

④ 此言内心与外境相接。

⑤ 志气，或谓当作"气志"。《礼记·孔子闲居》："清明在躬，气志如神。"

⑥ 物，犹事理，事理接于心，则出言辞以明之。《易·系辞上》："言行，君子之枢机。"枢机，户枢与弩机，喻指事物的关键部分。

通，则物无隐貌；关键将塞，则神有遁心。是以陶钧文思，贵在虚静，①疏瀹五藏，澡雪精神，②积学以储宝，酌理以富才，③研阅以穷照，驯致以怿辞，④然后使玄解之宰，寻声律而定墨；⑤独照之匠，窥意象而运斤。⑥此盖驭文之首术，谋篇之大端。夫神思方运，万涂竞萌；规矩虚位，⑦刻镂无形。登山则情满于山，观海则意溢于海，我才之多少，将与风云而并驱矣。方其搦翰⑧，气倍辞前；暨乎篇成，半折

---

① 陶，瓦器。钧，制瓦器所用圆转之器。陶钧文思，言用文思如陶者转钧。文章之事，形态万变，条理纷杂，必首先治心，心不虚不静，必为万状所扰。

②《庄子·知北游》："汝斋戒，疏瀹而心，澡雪而精神。"疏瀹，shūyuè，开涤之意；疏瀹五藏，谓情性不可妄动，使人烦闷。澡雪，清洁之意。

③ 此言众说纷纭，间杂邪曲，宜酌取正理。

④ 怿，或作"绎"，抽绎。言神理之致，须顺自然，不可勉强。

⑤ 玄解之宰，谓心。《礼记·玉藻》："史定墨。"此文引用，不拘滞本义。

⑥ 轮扁年七十而老斫轮，自言得之手而应之心，口不能言，虽其子亦不能喻，见《庄子·天道》。独照之匠，意即本此。运斤，见《庄子·徐无鬼》。斤，斫木刀。

⑦ 陆机《文赋》："虽离方而遁员，期穷形而尽相。"方员即规矩。

⑧ 搦翰，nuòhàn，持笔。

心始，何则？意翻空而易奇，言征实而难巧也。是以意授于思，言授于意，密则无际，疏则千里：[①]或理在方寸，而求之域表；或义在咫尺，而思隔山河。[②]是以秉心养术，无务苦虑；含章司契，[③]不必劳情也。

人之禀才，迟速异分，文之制体，大小殊功：相如含笔而腐毫，[④]扬雄辍翰而惊梦，[⑤]桓谭疾感于苦思，[⑥]王充气竭于思虑，[⑦]张衡研《京》以十年，[⑧]左思练《都》以一纪，[⑨]虽有巨文，亦思之缓也。淮南崇

---

① 密则无际，承上文“枢机方通，物无隐貌”。疏则千里，承上文“关键将塞，神有遁心”。

② 四语即申明“疏则千里”。

③ 含章，含美于内。司契，掌握要领。陆机《文赋》：“意司契而为匠。”言取舍由意，类司契为匠。

④ 司马相如善为文而迟，见《汉书·枚皋传》。

⑤ 成帝令扬雄作赋，为之卒暴，思虑精苦，赋成，倦而小卧，梦五脏出在地，以手收而纳之。及觉，病喘悸。见桓谭《新论·祛蔽》。

⑥ 桓谭尝作一小赋，用思太剧，立发病，弥日始瘳。见同上。

⑦ 王充作《论衡》，闭门潜思，绝庆吊，年将七十，志力衰耗。见《后汉书·王充传》。

⑧ 张衡作《二京赋》，精思傅会，十年乃成。见《后汉书·张衡传》。

⑨ 左思作《三都赋》，构思十年。见《文选·三都赋》注引臧荣绪《晋书》。

朝而赋骚，[①]枚皋应诏而成赋，[②]子建援牍如口诵，[③]仲宣举笔似宿构，[④]阮瑀据案而制书，[⑤]祢衡当食而草奏，[⑥]虽有短篇，亦思之速也。若夫骏发[⑦]之士，心总要术，敏在虑前，应机立断；覃思[⑧]之人，情饶歧路，鉴在疑后，研虑方定。机敏故造次[⑨]而成功；虑疑故愈久而致绩；难易虽殊，并资博练。若学浅而空迟，才疏而徒速，以斯成器，未之前闻。是以临篇缀虑，必有二患：理郁者苦贫，辞溺者伤乱。

---

① 淮南王受诏为《离骚赋》，自旦受诏，日早食已。崇朝，终朝，一个早上。

② 枚皋受诏为文，甚疾，应命而成。见《汉书·枚皋传》。

③ 杨德祖答曹植笺，称其“有所造作，若成诵在心，借书于手”。见《文选·答临淄侯笺》。植赋铜雀台，援笔立成，可观。见《三国志·陈思王传》。

④ 王粲为文，举笔便成，无所改定，时人以为宿构。见《三国志·王粲传》。

⑤ 魏太祖使阮瑀作书与韩遂。时太祖适出，瑀从，因于马上具草，太祖不能增损。见《三国志·王粲传》注。

⑥ 黄祖子射大会宾客，人有献鹦鹉者，射举卮属衡为赋。衡揽笔而作，文无加点，辞采甚丽。又尝从刘表求笔札草章奏，立成，辞义可观。见《后汉书·祢衡传》。

⑦ 骏发，言文思敏疾。

⑧ 覃思，深思。

⑨ 造次，急遽之时。

然则博见为馈贫之粮，贯一为拯乱之药，[①]博而能一，亦有助乎心力矣。

若情数诡杂，体变迁贸[②]，拙辞或孕于巧义，庸事或萌于新意。视布于麻，虽云未费，杼轴献功，焕然乃珍。[③]至于思表纤旨，文外曲致，言所不追，笔固知止。至精而后阐[④]其妙，至变而后通其数，伊挚不能言鼎，[⑤]轮扁不能语斤，其微矣乎！

赞曰：神用象通，情变所孕。物以貌求，心以理应。刻镂声律，萌芽比兴。结虑司契，垂帷制胜。

---

① 理贫者以博救之，辞乱者以练救之。

② 迁贸，变化。

③ 此言文贵修润，拙辞孕巧义，庸事萌新意，修饰润泽，则巧义显而新意出，布与麻之质量虽相若，然既加杼轴之功，则焕然可珍。

④ 阐，说明。

⑤ 汤得伊尹，设朝而见之，尹说汤以至味，曰："鼎中之变，精妙微纤，口弗能言，志弗能喻。"见《吕氏春秋·本味》。

# 体性[①]

夫情动而言形，理发而文见，盖沿隐以至显，因内而符外者也。然才有庸俊，气有刚柔，学有浅深，习有雅郑，并情性所铄，陶染所凝。是以笔区云谲，文苑波诡者矣。[②]故辞理庸俊，莫能翻其才；风趣刚柔，宁或改其气？[③]事义浅深，未闻乖其学；体式雅郑，鲜有反其习。[④]各师成心，[⑤]其异如面。[⑥]

① 体，谓文章形状；性，谓人之性气，因性气之殊，而所为文亦异状。然性由天定，亦可以人力辅助之，是故慎于所习。本篇大旨在斯。

② 此言文气巧变，如云气水波之相谲诡。

③ 风趣，即风气，或称风力、体气、风辞、意气，皆同一义。气之清浊刚柔，不可强致，为文者亦惟致力于裁篇用意而已。

④ 体式全由研究而得，俗学不能发雅议，故当慎其所习。

⑤ 心之足以制一身之用者，谓之成心。

⑥ 人心之不同，如其面焉。语见《左传·襄公三十一年》。

若总其归涂，则数穷八体：一曰典雅，二曰远奥，三曰精约，四曰显附，五曰繁缛，六曰壮丽，七曰新奇，八曰轻靡。典雅者，镕式经诰，方轨儒门者也。[①]远奥者，复采典文，经理元宗者也。[②]精约者，核字省句，剖析毫厘者也。[③]显附者，辞直义畅，切理厌心者也。[④]繁缛者，博喻酿采，炜烨枝派者也。[⑤]壮丽者，高论宏裁，卓烁异采者也。[⑥]新奇者，摈古竞今，危侧趣诡者也。[⑦]轻靡者，浮文弱植，缥缈附俗者也。[⑧]故雅与奇反，奥与显殊，繁与约舛，壮与轻乖，文辞根叶，苑囿其中矣。

若夫八体屡迁，功以学成，[⑨]才力居中，肇自血

---

① 义归正直，辞取雅驯者，入此类，下引班孟坚、张平子，即其选。

② 理致渊深，辞采微妙者，入此类，下引阮嗣宗、嵇叔夜，即其选。

③ 断义务明，练辞务简者，入此类，下引贾生、王仲宣，即其选。

④ 言惟折中，情必曲尽者，入此类，下引刘子政、潘安仁，即其选。

⑤ 炜烨，赤盛。辞采纷披，意义稠复者，入此类，下引扬子云、陆士衡，即其选。

⑥ 卓烁，特异之意。陈义俊伟，措辞雄瑰者，入此类，下引司马长卿、刘公干，即其选。

⑦ 词必研新，意必矜创者，入此类。

⑧ 辞须秀美，意取柔靡者，入此类。末二体下文不为举证，盖轻之。

⑨ 此言为文难拘一体：典雅者，未必不能新奇；精约者，未必不能繁缛。

气。气以实志，志以定言，吐纳英华，莫非情性。[①]是以贾生俊发，故文洁而体清；[②]长卿傲诞，故理侈而辞溢；[③]子云沉寂，故志隐而味深；[④]子政简易，故趣昭而事博；[⑤]孟坚雅懿，故裁密而思靡；[⑥]平子淹通，故虑周而藻密；[⑦]仲宣躁锐，故颖出而才果；[⑧]公干气褊，故言壮而情骇；[⑨]嗣宗俶傥，故响逸而调远；[⑩]叔夜俊侠，故兴高而采烈；[⑪]安仁轻敏，故锋

---

① 此言学习之功，固可自致，而情性所定，实有大齐。

② 每诏令下，诸老生不能言，贾谊年少，尽为之对，故称其俊发。见《史记·屈原贾生列传》。

③ 长卿，即司马相如，嵇康《高士传赞》："长卿慢世，越礼自放；犊鼻居市，不耻其状。"

④ 子云，即扬雄，《汉书·扬雄传》："默而好深湛之思，清静无为，少嗜欲。"

⑤ 子政，即刘向，《汉书·刘向传》："为人简易无威仪，廉清乐道，不交接于世俗。"

⑥ 孟坚，即班固，《后汉书·班固传》："博贯载籍，九流百家，无不穷究。性宽和，不以才能高人。"

⑦ 平子，即张衡，《后汉书·张衡传》："通五经，贯六艺，高于世，而无骄尚之情。"

⑧ 仲宣，即王粲，善作文，举笔便成，无所改定。《三国志·王粲传》："粲冲虚德宇，未若徐干之粹也。"

⑨ 公干即刘桢，轻官忽禄，以平视甄夫人得罪。

⑩ 嗣宗，即阮籍，才藻艳逸，而倜傥放荡，行己寡欲，以庄周为模。

⑪ 叔夜，即嵇康，好言老庄，而尚奇任侠。孙登谓康曰："君性烈而才俊。"见《晋书·嵇康传》。兴高，旨趣高道。采烈，言辞峻烈。

发而韵流；[1]士衡矜重，故情繁而辞隐。[2]触类以推，表里必符，岂非自然之恒资，才气之大略哉！

夫才有天资，学慎始习。[3]斫梓染丝，功在初化；[4]器成彩定[5]，难可翻移；故童子雕琢，必先雅制[6]，沿根讨叶，思转自圆。八体虽殊，会通合数，得其环中，则辐辏相成。故宜摹体以定习，因性以练才。文之司南[7]，用此道也。

赞曰：才性异区，文体繁诡。辞为肤叶，志实骨髓。雅丽黼黻，淫巧朱紫。习亦凝真，[8]功沿渐靡。

---

① 安仁，即潘岳，总角辩慧，性轻躁，趋世利。

② 士衡，即陆机，服膺儒术，非礼不动。

③ 此段言性非可力致，为学则在人，虽才性有偏，可借学习以相补救。

④ 《尚书·梓材》："若作梓材，既勤朴斫。"《墨子·所染》："子墨子见染丝者而叹曰：'染于苍则苍，染于黄则黄，故染不可不慎也。'"

⑤ 彩定，色彩已定。

⑥ 雅制，雅正之制作。

⑦ 司南，即指南。

⑧ 真，才气之谓。言学习之功，亦可凝积而成才气。

# 风骨[①]

诗总六义，风冠其首，[②]斯乃化感之本源，志气之符契也。[③]是以怊怅述情，必始乎风；[④]沉吟铺辞，莫先于骨。[⑤]故辞之待骨，如体之树[⑥]骸；情之含风，犹形之包气。结言端直，则文骨成焉；[⑦]意气骏爽[⑧]，则文风清焉。若丰藻克赡，风骨不飞，则振采失鲜，负声无力。[⑨]是以缀虑裁篇，务盈守气，刚

① 风，即文意；骨，即文辞。欲健其风骨，不可不注意于命意与修辞，此本篇之旨。

② 诗之六义，风雅颂赋比兴。

③ 国风所陈，多男女饮食之事，故曰化感之本源，志气之符契。

④ 怊，chāo，怅恨。志气有感而动，所述之情始真。

⑤ 铺辞造句，必锻炼之，使言与意相合。

⑥ 树，树立。

⑦ 言必端直者始得称文骨，肥辞繁杂者不与焉。

⑧ 骏爽，英爽。

⑨ 赡，丰富。四句皆言义瘠辞肥之弊。

健既实，辉光乃新，[①]其为文用，譬征鸟之使翼也。[②]故练于骨者，析辞必精；深乎风者，述情必显。捶字坚而难移，[③]结响凝而不滞，[④]此风骨之力也。若瘠义肥辞，繁杂失统，则无骨之征也。思不环周，索莫乏气，则无风之验也。[⑤]昔潘勖锡魏，思摹经典，群才韬笔，乃其骨髓峻也。[⑥]相如赋仙，气号凌云，蔚为辞宗，乃其风力遒也。[⑦]能鉴斯要，可以定文；兹术或违，无务繁采。[⑧]故魏文称文以气为主，气

---

① 务盈守气，务必充实守气，言文须以情志为主。《易·大畜》："刚健笃实辉光，日新其德。"

② 《礼记·月令》："征鸟厉疾。"征鸟，鹰隼之属。此以征鸟气盛为喻。

③ 捶，锻炼。捶字坚而难移，则析辞精而炼于骨。

④ 意义充足，故声调和畅。思理圆密，天机骏利，故无涩滞之病。

⑤ 索莫，失气貌。思理不周，条贯失序，自无骏爽之风。

⑥ 潘勖，字元茂，曾作《册魏公九锡文》。汉献帝建安十八年命曹操为魏公，加九锡，策文为潘勖所作，其文规范典诰，辞极雅重，为九锡文之首选，以其炼于骨也。

⑦ 相如，司马相如。《史记·司马相如列传》："相如以为列仙之传居山泽间，形容甚臞，此非帝王之仙意也，乃遂就《大人赋》……天子大悦，飘飘有凌云之气，似游天地之间意。"蔚，蔚然，盛貌。蔚为辞宗，见《汉书·叙传》赞相如语，赞其命意之高也。遒，遒劲。

⑧ 风骨并善，固为高文，二者不能兼；宁有骨无风，瘠义肥辞，实所不取。

之清浊有体，不可力强而致。[①]故其论孔融，则云“体气高妙”；[②]论徐干，则云“时有齐气”；[③]论刘桢，则云“有逸气”。[④]公干亦云：“孔氏卓卓，信含异气，笔墨之性，殆不可胜。”[⑤]并重气之旨也。夫翚翟备色，而翾翥百步，肌丰而力沉也。[⑥]鹰隼乏采，而翰飞戾天，骨劲而气猛也。[⑦]文章才力，有似于此。若风骨乏采，则鸷集翰林；采乏风骨，则雉窜文囿。[⑧]唯藻耀而高翔，固文笔之鸣凤也。若夫镕铸经典之范，翔集子史之术，洞晓情变，曲昭文体，然后能孚甲[⑨]新意，雕画奇辞。昭体故意新而不乱，晓变故辞奇而不黩。若骨采未圆，风辞未

① 此句见魏文帝曹丕《典论·论文》。

② 孔融性近高明，故其文体气高妙。

③ 徐干恬淡优柔，性近舒缓，故文有齐气，齐俗文体舒缓也。

④ 见曹丕《与吴质书》。谓桢文有逸气，桢情高，故有逸气。

⑤ 桢论孔融文，已亡佚。

⑥ 翚，huī，雉属五采备曰翚。翟，山雉尾长者。翾，xuān，小飞。翥，zhù，飞举。翾翥，言飞不高。

⑦ 鹰隼缺乏文采而可高飞至天。戾，到达。

⑧ 言有风骨而藻采不足，则如鸷集翰林；有藻采而乏风骨，则如雉窜文囿。翰林，文学之林。

⑨ 孚甲，谓发生，萌芽。

练，而跨略旧规，驰骛新作，虽获巧意，危败亦多，岂空结奇字，纰缪而成经矣。[①]《周书》云："辞尚体要，弗惟好异。"[②]盖防文滥也。然文术多门，各适所好，明者弗授，学者弗师，于是习华随侈，流遁忘反。若能确乎正式，使文明以健，则风清骨峻，篇体光华。[③]能研诸虑，何远之有哉！[④]

赞曰：情与气偕，辞共体并。文明以健，珪璋乃聘。蔚彼风力，严此骨鲠。才锋峻立，符采克炳[⑤]。

---

① 奇字，字体之一，异于小篆。经，常。矣，或疑当作"乎"。
② 见《尚书·毕命》。
③ 此言命意选辞，所好各异，惟有师古酌中，庶无疵缪。
④ 二语言明风骨即辞意，欲美其风骨，惟有致力于修辞命意。
⑤ 炳，著明。

# 通变[1]

夫设文之体有常，变文之数无方，何以明其然耶？凡诗赋书记，名理相因，此有常之体也；文辞气力，通变则久，此无方之数也。名理有常，体必资于故实；通变无方，数必酌于新声，[2]故能骋无穷之路，饮不竭之源。然绠短者衔渴，[3]足疲者辍涂，非文理之数尽，乃通变之术疏耳。故论文之方，譬诸草木：根干丽土而同性，臭味晞阳而异品矣。[4]是以九代咏歌，志合文则。黄歌断竹，

① 齐梁文风绮靡，此篇之旨示人勿循俗而返古。通变，即返古之意。

② 此文主旨虽在变新复古，而通变之术，要在资故实、酌新声，缺一则疏。资，取用。

③ 绠，汲井所用之绳。衔，口含物曰衔。

④ 丽，附丽。晞，晒。

质之至也；[1]唐歌在昔，则广于黄世；[2]虞歌《卿云》，则文于唐时；[3]夏歌雕墙，缛于虞代；[4]商周篇什，丽于夏年。至于序志述时，其揆一也。[5]暨楚之骚文，矩式周人；[6]汉之赋颂，影写楚世；[7]魏之篇制，顾慕汉风；晋之辞章，瞻望魏采。搉[8]而论之：则黄唐淳而质，虞夏质而辨，商周丽而雅，楚汉侈而艳，魏晋浅而绮，[9]宋初讹而新；[10]从质及讹，弥近弥淡。

---

① 范蠡进善射者陈音于越王句践，王问音曰："孤闻子善射，道何所生？"音曰："臣闻弩生于弓，弓生于弹，弹起于古之孝子。……孝子不忍见父母为禽兽所食，故作弹以守之，歌曰：'断竹续竹，飞土逐肉。'"见《吴越春秋·勾践阴谋外传》。彦和谓此歌本于黄世，未知何据。

② 在昔，歌名，具体未详。黄世，黄帝之世。

③ 舜《卿云歌》："卿云烂兮，纠缦缦兮。日月光华，旦复旦兮。"见《尚书大传》。唐时，谓唐尧时代。

④《尚书·五子之歌》："峻宇雕墙。"缛，繁缛，丰富。虞代，谓虞舜时代。

⑤ 揆，准则。如断竹之质，商周之丽，皆所谓酌新声而通变无方者，而其序志述时，无非本自然趋势之一道，至于楚汉而后，争模仿务因袭，虚伪涂饰，而真意尽失。

⑥ 矩式，取法。楚骚出自六义之赋，故曰矩式周人。

⑦ 影写，模仿。汉赋颂大抵祖述楚辞，见后《时序》。

⑧ 搉，大概。

⑨ 浅绮，轻丽。

⑩ 讹，讹误。言文篇字句，务取新奇，以致入讹误而不自觉。

何则？竞今疏古，风末气衰也。今才颖之士，刻意学文，多略汉篇，师范宋集[①]，虽古今备阅，然近附而远疏矣。夫青生于蓝，绛生于蒨[②]，虽逾本色，不能复化。桓君山云："予见新进丽文，美而无采；及见刘扬言辞，常辄有得。"[③]此其验也。故练青濯绛，必归蓝蒨；矫讹翻浅，还宗经诰。斯斟酌乎质文之间，而檃括[④]乎雅俗之际，可与言通变矣。夫夸张声貌，则汉初已极，自兹厥后，循环相因，虽轩翥[⑤]出辙，而终入笼内。枚乘《七发》云："通望兮东海，虹洞[⑥]兮苍天。"相如《上林》云："视之无端，察之无涯，日出东沼，月生西陂。"马融《广成》云："天地虹洞，固无端涯，大明[⑦]出东，月生西陂。"扬雄《校猎》云："出入日月，天与

① 宋集，南朝刘宋的文集。
② 蒨，qiàn，草名，可染红色。
③ 桓君山，桓谭。刘，刘向。扬，扬雄。
④ 檃括，正邪曲之器，檃揉曲，括正方。
⑤ 轩翥，飞举貌。
⑥ 虹洞，深远貌。
⑦ 大明，太阳。

地沓[①]。”张衡《西京》云：“日月于是乎出入，象扶桑于濛汜。[②]”此并广寓极状，而五家如一。诸如此类，莫不相循，参伍因革，通变之数也。[③]是以规略文统，宜宏大体，先博览以精阅，总纲纪而摄契[④]，然后拓衢路置关键，长辔远驭，从容按节，凭情以会通，负气以适变，采如宛虹之奋鬐，[⑤]光若长离[⑥]之振翼，乃颖脱之文矣。[⑦]若乃龌龊[⑧]于偏解，矜激乎一致。[⑨]此庭间之回骤，岂万里之逸步哉？[⑩]

---

① 沓，合会。

② 扶桑，神木，古谓日出处。濛汜，古谓日入处。

③ 文举五家为例，非教人专事模拟，盖谓古人之文，有能变者，有不能变者，有须因袭者，有不可因袭者，必于古今同异之理，名实分合之原，旁及训故文律，悉能谙练，斟酌而用之。

④ 摄，摄合。契，文契。

⑤ 宛虹，屈曲之虹。鬐，qí，虹脊。见张衡《西京赋》：“瞰宛虹之长鬐。”

⑥ 长离，朱鸟。

⑦ 颖，锥末。平原君客毛遂有“早得处囊中可颖脱而出”之语。见《史记·平原君虞卿列传》。

⑧ 龌龊，苛细。

⑨ 矜激，犹偏激。一致，犹言一得。

⑩ 严忌《哀时命》：“骋骐骥于中庭兮，焉能极夫远道。”言骐骥一驰千里，乃骋之中庭，不得展足以极远道。

赞曰：文律运周，日新其业。变则其[1]久，通则不乏。趋时必果[2]，乘机无怯。望今制奇，参古定法。

① 其，疑作“可”。
② 果，果断。

# 定势[1]

夫情致异区，文变殊术，莫不因情立体，即体成势也。势者，乘利而为制也，如机发矢直，涧曲湍回，[2]自然之趣也。圆者规体，其势也自转；方者矩形，其势也自安。[3]文章体势，如斯而已。是以模经为式者，自入典雅之懿；[4]效骚命篇者，必归艳逸之华。综意浅切者，类乏酝藉；[5]断辞辨约者，率乖繁缛：譬激水不漪，槁木无阴，自然之

① 篇名"定势"，而篇中皆言文势无定，盖势不自成，随体而成，离体立势，不可能也。

② 湍，急流。回，回旋。

③ 为圆之器曰规，为方之器曰矩。圆者势自转动，方者势自安静，皆顺乎自然。

④ 懿，yì，美好。

⑤ 酝藉，有含蓄而厚重之意。

势也。[①]

是以绘事图色，文辞尽情，色糅而犬马殊形，[②]情交而雅俗异势，镕范所拟，各有司匠，虽无严郛，[③]难得逾越。[④]然渊乎文者，[⑤]并总群势：奇正虽反，必兼解以俱通；刚柔虽殊，必随时而适用。若爱典而恶华，则兼通之理偏，似夏人争弓矢，执一不可以独射也。[⑥]若雅郑而共篇，则总一之势离，是楚人鬻矛誉楯，两难得而俱售也。[⑦]是以括囊杂体，功在铨别，[⑧]宫商朱紫，随势各配。[⑨]章表奏议，

---

① 漪，水波如锦文。此三句承“综意”四句言。

② 糅，杂糅。

③ 郛，fú，外城。

④ 此段以绘事喻文势，势之不得离体，犹善画马者不能画犬如马。

⑤ 渊，深通。

⑥ 《太平御览》卷三百四十七引《胡非子》：“一人曰：‘吾弓良，无所用矢。’一人曰：‘吾矢善，无所用弓。’羿闻之曰：‘矢非弓，何以往？弓非矢，何以中的？’令合弓矢而教之射。”羿为夏射官，故云夏人。

⑦ 雅，正声。郑，淫乐。总一，犹言一体。楯，同“盾”。楚人有鬻楯与矛者，誉之曰：“吾楯之坚，物莫能陷也。”又誉其矛曰：“吾矛之利，于物无不陷也。”或曰：“以子之矛，陷子之楯，何如？”见《韩非子·难一》。

⑧ 《易·坤卦》：“六四，括囊，无咎无誉。”括，捆束。囊，所以贮物。铨，衡量。功在铨别，即谓定势。

⑨ 宫，商，谓声律。朱，紫，谓辞采。

则准的[①]乎典雅；赋颂歌诗，则羽仪[②]乎清丽；符檄书移，则楷式于明断；史论序注，则师范于核[③]要；箴铭碑诔，则体制于宏深；连珠七辞，则从事于巧艳：[④]此循体而成势，随变而立功者也。[⑤]虽复契会相参，节文互杂，譬五色之锦，各以本采为地矣。[⑥]桓谭称："文家各有所慕，或好浮华而不知实核，或美众多而不见要约。"陈思亦云："世之作者，或好烦文博采，深沉其旨者；或好离[⑦]言辨白，分毫析厘者；所习不同，所务各异。"言势殊也。

刘桢云："文之体，指实强弱，[⑧]使其辞已尽而

---

① 准的，标准。

② 《易·渐卦》："上九，鸿渐于陆，其羽可用为仪。"羽仪，表率之意。

③ 核，考事得实曰核。

④ 连珠，文体之一，辞丽而言约，不指说事情，必假喻以达其旨，而览者微悟，欲使历历如贯珠，故称连珠，汉章帝时，班固、贾逵等受诏作之。七辞，如枚乘之《七发》，傅毅之《七激》，张衡之《七辩》，崔骃之《七依》，曹植之《七启》等皆是。

⑤ 本书第二十五以前各篇，列举文章多体，每体必敷理以举统，即论每体应取之势。

⑥ 契会相参，神思互相参合也。节文，犹情文。四语言文辞虽贵通变，而势之大本，不得背离。

⑦ 离，辨析。

⑧ 此句或谓"实"疑作"贵"，"弱"字衍；一说，"文之体指"断句，"实"下脱"殊"字；后说较胜。

势有余，天下一人耳，不可得也。”公干所谈，颇亦兼气。[①]然文之任势，势有刚柔，不必壮言慷慨，乃称势也。又陆云自称：“往日论文，先辞而后情，尚势而不取悦泽，及张公论文，则欲宗其言。”[②]夫情固先辞，势实须泽，[③]可谓先迷后能从善矣。

自近代辞人，率好诡巧，原其为体，讹势所变，厌黩旧式，故穿凿取新；[④]察其讹意，似难而实无他术也，反正而已。故文反正为乏，[⑤]辞反正为奇。效奇之法，必颠倒文句，上字而抑下，中辞而出外，回互不常，则新色耳。夫通衢夷坦，而多行捷径者，趋近故也；正文明白，而常务反言者，适俗故也。然密会者以意新得巧；苟异者以失体成怪。旧练之才，则执正以驭奇，新学之锐，则逐奇

① 此言刘桢为文尚气。

② 见陆云《与兄平原书》。悦泽，润色。张公，张华。

③ 言文之体式虽合，而润色辞句，所以助成文体，不可少。

④ 黩，烦数。《通变》曰：“宋初讹而新。”齐梁承流，穿凿益甚，专好新奇，不取通顺。

⑤ 语见《左传·宣公十五年》。反正者，失其常度，乏绝之道。

而失正。势流不反，则文体遂弊。[①]秉兹情术，可无思耶！

赞曰：形生势成，始末相承。[②]湍回似规，矢激如绳。因利骋节，情采自凝。枉辔学步，力止寿陵。[③]

① 文意非谓不当新奇，但须不失正理，若齐梁辞人，颠倒文句，穿凿失正，专采怪奇之标准，遂成体讹。

② 物不能有末无本，末又必自本生，故体与势实相须以成。

③《庄子·秋水》："子独不闻寿陵余子之学行于邯郸与？未得国能，又失其故行矣，直匍匐而归耳。"

# 情采[①]

圣贤书辞，总称文章，非采而何？夫水性虚而沦漪结，木体实而花萼振：文附质也。[②]虎豹无文，则鞟同犬羊；犀兕有皮，而色资丹漆：质待文也。[③]若乃综述性灵，敷写器象，镂心鸟迹之中，织辞鱼网之上，其为彪炳，缛采名矣。[④]故立文之道，其

① 因情以敷采，故曰情采。齐梁文胜质衰，故此篇痛陈其弊，然非竟谓文之可弃。侈艳诚不可宗，而文采则不宜去；清真固可为范，而朴陋亦不足多，惟使得其中间不陷于偏。

② 沦漪，水波。萼，花萼。

③《论语·颜渊》：“文犹质也，质犹文也；虎豹之鞟，犹犬羊之鞟。”鞟，kuò，去毛之皮。宋城，华元巡功，城者讴之曰：“睅其目，皤其腹，弃甲而复，于思于思，弃甲复来。”华元使骖乘者答曰：“牛则有皮，犀兕尚多，弃甲则那？”役人又歌曰：“从其有皮，丹漆若何？”见《左传·宣公二年》。

④ 黄帝之史仓颉见鸟兽蹄迒之迹，始造书契。汉宦者蔡伦用树肤麻头敝布鱼网为纸。彪炳，光采貌。

理有三：一曰形文，五色是也；二曰声文，五音是也；三曰情文，五性[①]是也。五色杂而成黼黻[②]，五音比而成韶夏，五情[③]发而为辞章，神理之数也。《孝经》垂典，丧言不文，故知君子常言未尝质也。[④]老子疾伪，故称“美言不信”；而五千精妙，则非弃美矣。[⑤]庄周云“辩雕万物”，谓藻饰也。[⑥]韩非云“艳采辩说”，谓绮丽也。[⑦]绮丽以艳说，藻饰以辩雕，文辞之变，于斯极矣。研味《孝》《老》，则知文质附乎性情；详览《庄》《韩》，则见华实过乎淫侈。若择源于泾渭之流，[⑧]按辔于邪正之路，亦可以驭文采矣。夫铅黛所以饰容，而盼倩

---

① 五性，仁礼信智义。

② 黼黻，fǔfú，衣裳绘绣之文。

③ 情，疑作“性”。

④ 《孝经·丧亲章》：“孝子丧亲，哭不偯，礼无容，言不文。”惟丧亲时如此，可知平时发言，未尝无文。故，同“固”。

⑤ 《老子》第八十一章：“信言不美，美言不信。”老子著《道德经》五千言。

⑥ 《庄子·天道》：“故古之王天下者，知虽落天地，不自虑也；辩虽雕万物，不自说也。”说，同“悦”。藻饰，点缀文词。

⑦ 《韩非子·外储说左上》：“夫不谋治强之功，而艳乎辩说文丽之声。”或因谓“采”为“乎”字之讹。绮丽，文词之美丽。

⑧ 泾渭，二水名，泾清而渭浊，故以为清浊之喻。

生于淑姿；[①]文采所以饰言，而辩丽本于情性。故情者，文之经；辞者，理之纬。经正而后纬成，理定而后辞畅，此立文之本源也。昔诗人什篇，为情而造文；辞人赋颂，为文而造情。何以明其然？盖《风雅》之兴，志思蓄愤，而吟咏情性，以讽其上，此为情而造文也。诸子之徒，心非郁陶，[②]苟驰夸饰，鬻声钓世，此为文而造情也。故为情者要约而写真，为文者淫丽而烦滥。而后之作者，采滥忽真，远弃风雅，近师辞赋，故体情之制日疏，逐文之篇愈盛。故有志深轩冕，而泛咏皋壤；心缠几务，而虚述人外。[③]真宰弗存，翩其反矣。[④]夫桃李不言而成蹊，有实存也。[⑤]男子树兰而不芳，无其情也。[⑥]夫以草木之微，依情待实；况乎文章述志

---

① 《诗·卫风·硕人》："巧笑倩兮，美目盼兮。"倩，美在口辅。盼，目黑白分明。

② 郁陶，忧思积虑貌。见《孟子·万章上》。

③ 《庄子·知北游》："山林与，皋壤与，使我欣欣然而乐与。"嵇康《与山巨源绝交书》："机务缠其心。"人外，犹世外。数语言志在显达，而虚言隐遁。

④ 真宰，犹天真。翩，鸟速飞。

⑤ 《史记·李将军列传》："桃李不言，下自成蹊。"蹊，人行道。

⑥ 《淮南子·缪称训》："男子树兰，美而不芳。"

为本，言与志反，文岂足征？是以联辞结采，将欲明理，采滥辞诡，则心理愈翳[①]；固知翠纶桂饵，反所以失鱼，[②]言隐荣华，[③]殆谓此也。是以衣锦䌹衣，恶文太章；[④]贲象穷白，贵乎反本。[⑤]夫能设模以位理，拟地[⑥]以置心，心定而后结音，理正而后摛[⑦]藻，使文不灭质，博不溺心，[⑧]正采耀乎朱蓝，间色屏于红紫，[⑨]乃可谓雕琢其章，彬彬君子矣。[⑩]

赞曰：言以文远，诚哉斯验。心术既形，英

---

① 翳，障蔽。

②《太平御览》卷八三四引《阙子》："鲁人有好钓者，以桂为饵，黄金之钩，错以银碧，垂翡翠之纶……然其得鱼不几矣。"

③《庄子·齐物论》："言隐于荣华。"

④《礼记·中庸》："衣锦尚䌹，恶其文之著也。"䌹，单衣。于锦衣之外加单衣，恶其文之大著。

⑤《易·贲卦》："上九，白贲，无咎。"贲，文饰，饰终以白，反质素而无患。

⑥ 地，此言底色。

⑦ 摛，chī，铺张。

⑧《庄子·缮性》："知而不足以定天下，然后附之以文，益之以博，文灭质，博溺心。"文博，心质之饰。

⑨ 间色，非正色。红，疑当作"青"，以上句有"朱"字。

⑩《诗·大雅·棫朴》："追琢其章。"《论语·雍也》："文质彬彬，然后君子。"彬彬，文质兼备。

华乃赡。吴锦好渝[1]，舜英徒艳。[2]繁采寡情，味之必厌。

① 渝，变化。

② 《诗·郑风·有女同车》："有女同行，颜如舜英。"舜英，木槿花，朝生暮落。英，花。

# 镕裁[1]

情理设位，文采行乎其中，[2]刚柔以立本，变通以趋时。[3]立本有体，意或偏长；趋时无方，辞或繁杂。蹊要所司，职在镕裁：檃括情理，矫揉文采也。[4]规范本体谓之镕，剪截浮词谓之裁。裁则芜秽不生，镕则纲领昭畅，譬绳墨之审分，斧斤之斫削矣。骈拇枝指，由侈于性；附赘悬疣，实侈于

① 作文不外命意修辞，二者相倚，不可或离。意之患，或杂或竭；辞之患，或枯或繁。枯竭之患，宜救之以博览；繁杂之患，宜纳之于镕裁。此篇即专论镕裁之事，然命意修辞，皆本自然，意多者未必尽可訾，辞众者未必尽堪删。惟多而杂，众而芜者，始加裁剪耳。

② 文以情理为本，以辞采为枝。

③ 刚柔，指性气言。变通，指文辞言。

④ 蹊要，小路险要处，此指要领。檃括，见《通变》注。矫揉，矫正。

形。[①] 一意两出，义之骈枝也；同辞重句，文之胧赘也。

凡思绪初发，辞采苦杂。心非权衡[②]，势必轻重。是以草创鸿笔，先标三准：履端于始，则设情以位体；举正于中，则酌事以取类；归余于终，则撮辞以举要。[③]然后舒华布实，献替节文，绳墨以外，美材既斫，[④]故能首尾圆合，条贯统序。若术不素定，而委心逐辞，异端丛至，骈赘必多。[⑤]

故三准既定，次讨字句。句有可削，足见其疏；字不得减，乃知其密。精论要语，极略之体；游心窜句，极繁之体。[⑥]谓繁与略，随分所好。[⑦]引

① 《庄子·骈拇》："骈拇枝指，出乎性哉，而侈于德；附赘县疣，出乎形哉，而侈于性。"骈拇，足拇指连第二指。枝指，手有六指。赘疣，皮肤上赘生之结肉。

② 权衡，审择标准之意。

③ "履端于始""举正于中""归余于终"三语，见《左传·文公元年》。此设言命意谋篇之事，有此经营，非必作为定程。总之：意定而后敷辞，体具而后取势，则其文自有条理。

④ 四语谓既形成为文，仍须随时加修饰之功。

⑤ 此段论镕，犹云炼意。

⑥ "游心"句见《庄子·骈拇》。

⑦ 言各随作者性之所好。

而伸之，则两句敷为一章；约以贯之，则一章删成两句。思赡者善敷，才核[①]者善删。善删者字去而意留；善敷者辞殊而意显。字删而意阙，则短乏而非核；辞敷而言重，则芜秽而非赡。[②]

昔谢艾、王济，西河文士，张骏以为：艾繁而不可删，济略而不可益。[③]若二子者，可谓练镕裁而晓繁略矣。至如士衡才优，而缀辞尤繁；士龙思劣，而雅好清省。及云之论机，亟恨其多，而称"清新相接，不以为病"，盖崇友于耳。[④]夫美锦制衣，修短有度，虽玩[⑤]其采，不倍领袖。巧犹难繁，况在乎拙？而《文赋》以为"榛楛勿翦"，"庸音足曲"，[⑥]其识非不鉴，乃情苦芟繁也。[⑦]夫百节成体，

---

① 核，精深。

② 此段论裁，犹云炼词，裁之义兼言增删，不专指削减。

③ 谢艾，见《晋书·张重华传》。王济未详，骏语无闻。

④ 陆云《与兄平原书》："云今意视文，乃好清省。"又曰："兄文章之高远绝异，不可复称言，然犹皆欲微多；但清新相接，不以此为病耳。"友于，兄弟相爱。

⑤ 玩，相习而不经意。

⑥ 陆机《文赋》："石韫玉而山辉，水怀珠而川媚，彼榛楛之勿翦，亦蒙荣于集翠。"言珠玉之向既存，榛楛之辞亦美。又曰"放庸音以足曲"。庸音，犹凡响。

⑦ 鉴，鉴别。芟，翦除。

共资荣卫[①]！万趣会文，不离辞情。若情周而不繁，辞运而不滥，非夫镕裁，何以行之乎？

赞曰：篇章户牖，左右相瞰。辞如川流，溢则泛滥[②]。权衡损益，斟酌浓淡。芟繁剪秽，弛于负担。[③]

① 荣卫，此指血气之流畅，血荣而气卫。

② 泛滥，漫溢。

③ 弛于负担，谓免于拖累。

# 声律[①]

夫音律所始，本于人声者也。声含宫商，肇自血气，先王因之以制乐歌。故知器写人声，声非效器者也。[②]故言语者，文章□□，[③]神明枢机，吐纳律吕，唇吻而已。[④]古之教歌，先揆以法，使疾呼中宫，徐呼中徵。[⑤]夫宫商响高，徵羽声

---

① 南朝宋末，始有平上去入四声。沈约著《四声谱》，清浊通流，口吻调利；齐梁文皆以此为规矩，而声律乃成文学之要质。故本书特列一篇。

② 见《诗大序》孔颖达疏："原夫作乐之始，乐写人音。人音有大小高下之殊，乐器有宫徵商羽之异，依人音而制乐，托乐器以写人，是乐本效人，非人效乐。"

③ 此处脱二字或疑为"关键"，谓言语为声音，而声音为文章之关键。

④ 声音为文章关键，又为神明之枢机，至于律吕之吐纳，须验之唇吻，以求谐适。律吕，谓音律。

⑤ 数语见《韩非子·外储说右上》，本意为验声之术，文用为声音自然之准。

下，[①]抗喉矫舌之差，攒唇激齿之异，[②]廉肉相准，[③]皎然可分。今操琴不调，必知改张；摛文乖张，而不识所调。响在彼弦，乃得克谐；声萌我心，更失和律。其故何哉？良由外听易为□，[④]而内听难为聪也。故外听之易，弦以手定；内听之难，声与心纷：可以数求，难以辞逐。[⑤]凡声有飞沉，响有双叠：双声隔字而每舛，[⑥]叠韵离句而必睽。[⑦]沉则响

---

① 凡声尊卑，取象五行，数多者浊，数少者清，宫数八十一，商数七十二，角数六十四，徵数五十四，羽数四十八，宫商浊，徵羽清。角清浊中。详见《礼记·月令》郑玄注、《汉书·律历志》。

② 抗喉、矫舌、攒唇、激齿，皆歌时发声之状。

③ 《礼记·乐记》："使其曲直繁瘠，廉肉节奏，足以感动人之善心而已矣。"廉，廉棱。肉，肥满。谓声之宏杀，属乐器言，不属人声言。

④ 此脱字或疑为"巧"。

⑤ 内听之难，由于声与心纷，故欲求声韵之调，可设律数以得之，徒用文辞，难期切合。

⑥ 两字发声同类者为双声，如东德俱从舌。沈约论文有八病：一平头，二蜂腰，三鹤膝，四上尾，五大韵，六小韵，七正纽，八旁纽。双声隔字而每舛，即一旁纽病。如参差、流连等，皆双声，两字在一处，不为病。若中隔一字，即犯旁纽，如曹植诗"佳丽殊百城，""殊""城"双声，隔一"百"字，便舛矣。舛，错乱。

⑦ 两字同在一韵者曰叠韵，如"皇""扬"均属阳部。离，隔开。叠韵离句而必睽，即小韵病，如曹植诗"皇佐扬天惠"，五字内有"皇""扬"同韵字，为五字内犯小韵。陆机诗"嘉树生朝阳，凝霜封其条"，十字内有"阳""霜"同韵字，为十字内犯小韵。睽，违背。

发而断，飞则声飏不还，[①]并辘轳交往，逆鳞相比，[②]迂其际会，则往蹇来连，[③]其为疾病，亦文家之吃也。[④]夫吃文为患，生于好诡，逐新趣异，故喉唇纠纷。将欲解结，务在刚断，左碍而寻右，末滞而讨前，[⑤]则声转于吻，玲玲[⑥]如振玉；辞靡于耳，累累如贯珠矣。是以声画妍蚩，[⑦]寄在吟咏；吟咏滋味，流于字句，气力穷于和韵。[⑧]异音相从谓之和，同声相应谓之韵。[⑨]韵气一定，则余声易遣；和体

---

① 而，如。沉谓仄浊，飞谓平清，一句纯用仄浊，或纯用平清，即读不能顺。

② 辘轳，汲水器，置轴木架，一端悬重物，一端贯长毂，上悬汲水斗，益有曲木，以手转汲，借得省力。辘轳交往，喻声韵之圆转。龙喉下有逆鳞径尺，人触之，必杀人，见《韩非子·说难》。逆鳞相比，喻声律之靡密。

③ 迂，错失。《易·蹇卦》："六四，往蹇来连。"言若错失声律之际会，则往来皆难。

④ 声律谬误，则喉唇纠结，犹人之病口吃。

⑤ 左碍寻右，末滞讨前，此谓应全面考虑，即以声律之数，求其纠纷所在。

⑥ 玲玲，玉声。

⑦ 声画，犹言文章声韵。妍蚩，犹美恶。

⑧ 或谓句前当复有"字句"二字。

⑨ 上句指句内双声叠韵及平仄之和调，下句指句末所用之韵。

抑扬，故遗响难契[①]。属笔易巧，选和至难；缀文难精，而作韵甚易。虽纤毫曲变，非可缕言；然振其大纲，不出兹论。

若夫宫商大和，譬诸吹籥；[②]翻回取均，[③]颇似调瑟。瑟资移柱，[④]故有时而乖贰；籥含定管，故无往而不壹。陈思潘岳，吹籥之调也；陆机左思，瑟柱之和也。[⑤]概举而推，可以类见。

又诗人[⑥]综韵，率多清切；楚辞辞楚，故讹韵实繁。及张华论韵，谓士衡多楚，《文赋》亦称知楚不易，[⑦]可谓衔灵均之声余，失黄钟之正响也。凡

---

① 上二句言择韵既定，则余韵从之，如用东韵，则凡同韵之字，皆得选用。下二句言一句中音须调顺，上下四句间，亦求和适。契，契合。

② 籥，yuè，古乐器，有吹籥、舞籥二种。此言吹籥，似笛而短小，三孔。

③ 均，同“韵”。

④ 琴瑟所以系弦者曰柱。

⑤ 言陈思、潘岳吐音雅正，无往不和。陆机语杂楚声，有时乖贰，须翻回以求正韵；左思齐人，文杂齐语，故以二人为瑟柱之和。

⑥ 诗人，此指《诗》三百篇之诗人。

⑦ 陆机《文赋》：“亮功多而累寡，故取足而不易。”言篇中警句之功既多，为累盖寡，故以取足而不改易其文。本文推广其意，谓文中虽明知有楚音，而以功多累寡之故，因以取足而不易之。

切韵之动，势若转圜；讹音之作，甚于枘方。[①]免乎枘方，则无大过矣。练才洞鉴，剖字钻响。识疏阔略，随音所遇，若长风之过籁，南郭之吹竽耳。[②]古之佩玉，左宫右徵，以节其步。[③]声不失序，音以律文，其可忘哉！[④]

赞曰：标情务远，比音则近。吹律胸臆，调钟唇吻。[⑤]声德盐梅，[⑥]响滑榆槿。[⑦]割弃支离[⑧]，宫商难隐。

---

① 枘，木端入孔处；枘方，方枘而纳圆凿，不相入。

② “剖字”句谓调声有术；“随音”句谓偶然而调。南郭处士为齐宣王吹竽，宣王悦之，湣王立，好一一而听之，处士逃。见《韩非子·内储说上》；此与“长风”句皆喻无术驭声者。

③ 《礼记·玉藻》：“古之君子必佩玉，右徵角，左宫羽，趋以《采齐》，行以《肆夏》。”《采齐》，乐章名，以为趋走之节。《肆夏》，同《陔夏》，乐章名，以为行步之节。

④ 此段言文中用韵，须取谐调，不可杂以方音。

⑤ 钟，黄钟，代音律。晋平公铸钟，工者以为调，师旷以为不调，至师涓而果知钟不调。见《吕氏春秋·长见》。

⑥ 《尚书·说命》：“前作和羹，尔惟盐梅。”盐咸梅酸，皆以和羹。

⑦ 《礼记·内则》：“堇荁枌榆免薨滫瀡以滑之。”诸物皆用以调和饮食。槿，通“堇”。

⑧ 支离，不正貌。

# 章句

夫设情有宅，置言有位；宅情曰章，[①]位言曰句。故章者，明也；句者，局也。局言者联字以分疆，明情者总义以包体。区畛相异，而衢路交通矣。夫人之立言，因字而生句，积句而成章，积章而成篇。篇之彪炳，章无疵也；章之明靡[②]，句无玷也；句之清英，字不妄也。[③]振本而末从，知一而万毕矣。

夫裁文匠笔[④]，篇有小大；离章合句，调有缓急。随变适会，莫见定准。句司数字，待相接以为

---

① 宅，所寄之处，章之次。言章明情志，必有所寄而次序显晰。

② 明靡，明白、细致。

③ 字不妄用。

④ 匠笔，执笔、运笔。

用；[①]章总一义，须意穷而成体。其控引情理，送迎际会，譬舞容回环，而有缀兆之位；[②]歌声靡曼，而有抗坠之节也。[③]寻诗人拟喻，虽断章取义，然章句在篇，如茧之抽绪。原始要终，体必鳞次。启行之辞，逆萌中篇之意；绝笔之言，追媵前句之旨。[④]故能外文绮交，内义脉注，跗萼相衔，首尾一体。[⑤]若辞失其朋，则羁旅而无友；事乖其次，则飘寓而不安。是以搜句忌于颠倒，裁章贵于顺序。斯固情趣之指归，文笔之同致也。[⑥]

若夫笔句无常，而字有条数：四字密而不促，六字格[⑦]而非缓，或变之以三五，盖应机之权节也。至于诗颂大体，以四言为正；唯“祈父”“肇禋”，

---

① 一字不成句，句必集数字而后成。

② 缀兆，见《礼记·乐记》。缀，谓舞者行列相连缀。兆，位外之营兆。

③ 抗坠之节，高低抑扬的节奏。《礼记·乐记》：“歌者上如抗，下如坠。”

④ 启行，谓文章开头。绝笔，谓文章结尾。媵，陪从之义。

⑤ 跗，萼足。八句大旨谓：建其首，则思下辞可承；陈其末，则寻上义不犯；举其中，则先后须相附依。

⑥ 此段论章。

⑦ 格，枝长貌，指长。

以二言为句。[1]寻二言肇于黄世，《竹弹》之谣是也；[2]三言兴于虞时，《元首》之诗是也；[3]四言广于夏年，《洛汭》之歌是也；[4]五言见于周代，《行露》之章是也；[5]六言七言，杂出《诗》《骚》，二体[6]之篇，成于两汉。情数运周，随时代用矣。[7]

若乃改韵从调，所以节文辞气。贾谊枚乘，两韵辄易；[8]刘歆桓谭，百句不迁：[9]亦各有其志也。昔魏武论赋，嫌于积韵，而善于贸代。[10]陆云亦称“四言转句，以四句为佳”，[11]观彼制韵，志同枚贾。

---

① 祈父，《诗·小雅·祈父》句。肇禋，《诗·周颂·维清》句。

② 见《通变》注。

③ 《尚书·益稷》有“元首起哉”“元首明哉”之歌，“哉”为语助，实为三言。

④ 《洛汭》之歌，即《尚书·五子之歌》，夏太康失邦，昆弟五人，须于洛汭，因作歌，歌为多四言。

⑤ 《诗·召南·行露》中有“谁谓雀无角，何以穿我屋”等五言句。

⑥ 二体，即指上六言七言。

⑦ 此段论句。

⑧ 贾谊《吊屈原赋》及《鹏鸟赋》，皆两韵一易。枚乘所作，如《七发》等，实不尽然。

⑨ 刘歆文完存者，惟《遂初赋》，然亦四句一转。

⑩ 魏武论赋，或作论诗，诗赋得通称，其论未见。贸，迁代，此谓转韵。善于贸代，谓工于换韵。

⑪ 二语见陆云《与兄平原书》。

然两韵辄易，则声韵微躁；百句不迁，则唇吻告劳。妙才激扬，虽触思利贞，曷若折之中和，庶保无咎。[①]

又诗人以兮字入于句限；楚辞用之，字出句外。寻兮字成句，乃语助余声，舜咏《南风》，用之久矣；[②]而魏武弗好，岂不以无益文义耶？至于夫惟盖故者，发端之首唱；之而于以者，乃札句之旧体；乎哉矣也，亦送末之常科。据事似闲，[③]在用实切。巧者回运，弥缝文体，将令数句之外，得一字之助矣。外字难谬，况章句欤！[④]

赞曰：断章有检[⑤]，积句不恒[⑥]。理资配主，[⑦]辞忌失朋。环情草调，宛转相腾。离合同异，以尽厥能。

---

① 二语谓当因宜适变，随时迁移，转之过速固嫌骤，久久不迁亦未合。此段因句法而类及押韵。

② 舜《南风》之歌："南风之薰兮，可以解吾民之愠兮；南风之时兮，可以阜吾民之财兮。"

③ 言根据实事，似在闲散之列。

④ 言外助之字，犹不能谬误，况章句乎？此段言语助。

⑤ 检，定规、标准。

⑥ 不恒，谓无常法。

⑦《易·丰卦》："初九，遇其配主。"初九之配在九四，皆为阳爻，以阳适阳以明之，动能相光大，故曰遇其配主。

# 丽辞[1]

造化赋形，支体必双；神理为用，事不孤立。夫心生文辞，运裁百虑，高下相须，自然成对。唐虞之世，辞未极文；而皋陶赞云："罪疑惟轻，功疑惟重。"益陈谟云："满招损，谦受益。"[2]岂营丽辞？率然对尔。《易》之《文系》，圣人之妙思也，序《乾》四德，则句句相衔；[3]龙虎类感，则字字

---

① 丽，象两两相比之形。丽辞，犹言骈俪之辞，其起原出于人心之联想；经文古语，往往有之，皆出于自然。至于齐梁，乃力求齐整，专务偶对，则失其本真，流于末技。本书以此体不可废，尤为当时所尚，故特列一篇，阐明其由，并矫其失。

② 二引文皆见《尚书·大禹谟》。

③《易·乾卦》："元者，善之长也；亨者，嘉之会也；利者，义之和也；贞者，事之干也。君子体仁足以长人，嘉会足以合礼，利物足以和义，贞固足以干事。君子行此四德者，故曰：《乾》元亨利贞。"

相俪；[1]《乾坤》易简，则宛转相承；[2]日月往来，则隔行悬合；[3]虽句字或殊，而偶意一也。至于诗人偶章，大夫联辞，[4]奇偶适变，不劳经营。自扬马张蔡，崇盛丽辞，如宋画吴冶，刻形镂法，[5]丽句与深采并流，偶意共逸韵俱发。至魏晋群才，析句弥密，联字合趣，剖毫析厘。然契机[6]者入巧，浮假

---

① 《易·乾卦》："同声相应，同气相求；水流湿，火就燥，云从龙，风从虎；圣人作而万物睹。"

② 《易·系辞上》："乾以易知，坤以简能。易则易知，简则易从。易知则有亲，易从则有功。有亲则可久，有功则可大。可久则贤人之德，可大则贤人之业。易简，而天下之理得矣；天下之理得，而成位乎其中矣。"

③ 《易·系辞下》："日往则月来，月往则日来，日月相推而明生焉；寒往则暑来，暑往则寒来，寒暑相推而岁成焉。"

④ 上句指三百篇之《诗》，下句指《左传》《国语》所记列国大夫朝聘应对之辞。

⑤ 扬，扬雄。马，司马相如。张，张衡。蔡，蔡邕。皆两汉文人之首。宋画，见《庄子·田子方》："宋元君将画图，众史皆至，受揖而立。舐笔和墨，在外者半。有一史后至者，儃儃然不趋，受揖不立，因之舍；使人视之，则解衣槃礴裸。君曰：'可矣，是真画者也。'"吴冶，见《吴越春秋·阖闾内传》："干将作剑，采五山之铁精，六合之金英，候天伺地，阴阳同光，百神临观，天气下降。"《淮南子·修务训》："夫宋画吴冶，刻刑镂法，乱修曲出。"言乱理之文，修饰之功，曲出于不意。

⑥ 契机，契合神机。

者无功。

故丽辞之体，凡有四对：言对为易，事对为难，反对为优，正对为劣。言对者，双比空辞者也；事对者，并举人验者也；反对者，理殊趣合者也；正对者，事异义同者也。①长卿《上林赋》云："修容乎礼园，翱翔乎书圃。"②此言对之类也；宋玉《神女赋》云："毛嫱鄣袂，不足程式；③西施掩面，比之无色。"此事对之类也；仲宣《登楼》云："钟仪幽而楚奏，庄舄显而越吟。"④此反对之类也；孟阳《七哀》云："汉祖想枌榆，光武思白水。"⑤此正对之类也。凡偶辞胸臆，言对所以为易也；征人之学，事对所以为难也；幽显同志，反对所以为优

---

① 本为言对、事对二对，二对又各有正反，故总为四对。

② 《礼》所以整威仪，自修饰。《尚书》所以疏通知远，故游涉之。

③ 毛嫱，古美女。鄣，同"障"。不足程式，不足为法式。

④ 仲宣，王粲字。郑获楚钟仪，献于晋。晋景公见之，与之琴。仪不忘楚，操南音。见《左传·成公九年》。越人庄舄显仕于楚而病，楚王欲知其思越否，使人往听之，则犹越声。见《史记·张仪列传》。

⑤ 孟阳，张载字。枌榆，社名，在丰。丰，高祖故里，高祖曾祷此社。见《汉书·郊礼志》。白水，南阳县，光武起兵于此。

也；并贵共心，正对所以为劣也。又以事对，各有反正，指类而求，万条自昭然矣。

张华诗称：“游雁比翼翔，归鸿知接翮。”刘琨诗言：“宣尼悲获麟，西狩泣孔丘。”若斯重出，即对句之骈枝也。[①]是以言对为美，贵在精巧；事对所先，务在允当。若两事相配，而优劣不均，是骥在左骖，驽为右服也。[②]若夫事或孤立，莫与相偶，是夔之一足，趻踔而行也。[③]若气无奇类，文乏异采，碌碌丽辞，则昏睡耳目。必使理圆事密，联璧其章，迭用奇偶，节以杂佩，乃其贵耳。[④]类此而思，理自见也。

赞曰：体植[⑤]必两，辞动有配。左提右挈，精

---

① 自“张华诗称”句至此，申言反对、正对。

② 自“是以言对为美”句至此，申言言对、事对。

③ 夔，舜时乐正。相传夔一足，鲁哀公问孔子。孔子谓：“若夔者，一而足矣，非夔只一足也。”见《吕氏春秋·求人》。趻踔，chěnchuō，且前且却，跳跃而行。校订者按：此句当见于《庄子·秋水》：“夔谓蚿曰：‘吾以一足趻踔而行。’”“夔”谓一足兽，非谓《吕氏春秋·求人》中之“夔”。

④ 自“若气无奇类”句至此，就四对推进一层，言对偶虽合法，若无骨采，亦不可。

⑤ 植，树立。

味兼载。炳烁[1]联华，镜静[2]含态。玉润双流，如彼珩佩[3]。

① 炳烁，辉煌。
② 镜静，明静之意。
③ 珩佩，héngpèi，佩玉。

# 比兴

诗文宏奥，包韫六义；[①]毛公述传，独标兴体；[②]岂不以风通而赋同，比显而兴隐哉？[③]故比者，附也；兴者，起也。附理者切类以指事；起情者依微以拟议。起情故兴体以立；附理故比例以生。比则畜愤以斥言，兴则环譬以记讽。[④]盖随时之义不一，故诗人之志有二也。

观夫兴之托谕，婉而成章，称名也小，取类

① 《诗》之六义，风雅颂赋比兴。

② 毛公，即毛亨，传《诗》，即今之《毛诗故训传》。兴之为用，触物起情，节取托意。毛公为其理隐，其义深，故特标之。

③ 风通六情，其风之所吹，无物不扇；化之所被，无往不沾。赋者铺陈政教善恶，其言通正变，兼美刺。比与兴虽同是附托外物，而一显一隐。见《诗大序》正义。

④ 两层比与兴之界划。

也大。关雎有别，故后妃方德；[①]尸鸠贞一，故夫人象义。[②]义取其贞，无从于夷禽；[③]德贵其别，不嫌于鸷鸟。明而未融，故发注而后见也。[④]且何谓为比？盖写物以附意，扬言以切事者也。故金锡以喻明德，[⑤]珪璋以譬秀民，[⑥]螟蛉以类教诲，[⑦]蜩螗以写号呼，[⑧]浣衣以拟心忧，[⑨]席卷以方志固。[⑩]凡斯切象，

---

① 《周南》首章为《关雎》，雎鸠鸟挚而有别，故以方后妃之德，其诗兴体也。

② 尸鸠，即鸤鸠。《诗·召南·鹊巢》："维鹊有巢，维鸠居之。之子于归，百两御之。"鹊作巢，冬架春成，犹国君积行累功，故以兴焉。兴者，取其义，鸤鸠不自为巢，因鹊成巢而居有之，而有均壹之德，犹国君夫人来嫁，居君子之室。

③ 从，或谓"疑"之误。

④ 言虽明而未融会，发注始晓然。

⑤ 《诗·卫风·淇奥》："瞻彼淇奥，绿竹如箦。有匪君子，如金如锡，如圭如璧。"

⑥ 《诗·大雅·卷阿》："颙颙卬卬，如圭如璋，令闻令望。岂弟君子，四方为纲。"此诗言求贤用吉士。

⑦ 《诗·小雅·小宛》："螟蛉有子，蜾蠃负之。教诲尔子，式穀似之。"喻有万民不能治，则能治者将得之。

⑧ 《诗·大雅·荡》："文王曰咨，咨汝殷商。如蜩如螗，如沸如羹。"言饮酒号呼之声，如蜩螗之鸣。

⑨ 《诗·邶风·柏舟》："心之忧矣，如匪浣衣。"言如衣之不浣，则愦辱无照察。

⑩ 《诗·邶风·柏舟》："我心匪石，不可转也；我心匪席，不可卷也。"言心志坚平，过于石席。

皆比义也。至如麻衣如雪，两骖如舞，若斯之类，皆比类者也。[①]楚襄信谗，而三闾忠烈，依《诗》制《骚》，风兼比兴。[②]炎汉虽盛，而辞人夸毗，[③]讽刺道丧，故兴义销亡。于是赋颂先鸣，故比体云构，[④]纷纭杂遝，倍旧章矣。[⑤]

夫比之为义，取类不常：或喻于声，或方于貌，或拟于心，或譬于事。宋玉《高唐》云"纤条悲鸣，[⑥]声似竽籁"，此比声之类也；枚乘《菟园》云"焱焱[⑦]纷纷，若尘埃之间白云"，此则比貌之类也；贾生《鵩赋》云"祸之与福，何异纠纆"，[⑧]此以物比理者也；王褒《洞箫》云"优柔温润，如慈

---

① 《诗·曹风·蜉蝣》："蜉蝣掘阅，麻衣如雪。"言如雪，喻洁。《诗·郑风·大叔于田》："执辔如组，两骖如舞。"言两骖马与两服马和谐，如人舞之中于乐节。上两例皆取事物以比形状，与前所举比义者略异。

② 《离骚》所引诸物，比物托事，二者兼有之，故曰兼比兴。风，楚风，楚骚为楚风。

③ 夸毗，《诗·大雅·板》传："体柔人也。"体柔，屈己求得于人。

④ 汉时诗中偶有兴体，赋颂则无之。

⑤ 倍，通"背"，背离。此段先平论兴比，次言兴亡而比传。

⑥ 纤条，细枝。

⑦ 焱，yàn；焱焱，光貌。

⑧ 纠纆，绳索。言祸福相表里，如绳索相附会。

父之畜子也”，此以声比心者也；马融《长笛》云“繁缛络绎，范蔡[①]之说也”，此以响比辩者也；张衡《南都》云“起郑舞，茧曳绪”，此以容比物者也。[②]若斯之类，辞赋所先，日用乎比，月忘乎兴，习小而弃大，所以文谢于周人也。至于扬班之伦，曹刘以下，[③]图状山川，影写云物，莫不织综比义，以敷其华，惊听回视，资此效绩。又安仁《萤赋》云“流金在沙”，[④]季鹰《杂诗》云“青条若总翠”，[⑤]皆其义者也。故比类虽繁，以切至为贵，若刻鹄类鹜，则无所取焉。[⑥]

赞曰：诗人比兴，触物圆览[⑦]。物虽胡越，合

① 范，范雎。蔡，蔡泽。

② 《南都赋》原句云：“坐南歌兮起郑舞，白鹤飞兮茧曳绪。”下句皆舞人之容，故有谓“以容比物”似当作“以物比容”。

③ 扬，扬雄。班，班固。曹，曹植。刘，刘桢。

④ 潘安《萤火赋》原句云：“飘飘颎颎，若流金之在沙。”

⑤ 张翰，字季鹰，其《杂诗》云：“青条若总翠，黄华如散金。”

⑥ 刻鹄句见马援《戒兄子严敦书》。此段畅论比义。

⑦ 圆览，犹周览。

则肝胆。[1]拟容取心，断辞必敢。[2]攒杂咏歌，如川之澹[3]。

① 《庄子·德充符》："自其异者视之，肝胆楚越也。"

② 赵高言："顾小而忘大，后必有害；狐疑犹豫，后必有悔。断而敢行，鬼神避之，后有成功。"见《史记·李斯列传》。

③ 澹，水貌。

# 夸饰[1]

夫形而上者谓之道，形而下者谓之器。神道难摹，精言不能追其极；形器易写，壮辞可得喻其真；才非短长，理自难易耳。故自天地以降，豫入声貌，文辞所被，夸饰恒存；虽《诗》《书》雅言，风格训世，[2]事必宜广，文亦过焉。是以言峻则嵩高极天，[3]论狭则河不容舠，[4]说多则子孙千亿，[5]称少则

① 夸饰之文，意在动人耳目，不必尽合论理，亦不必尽符事实。

② 风，教化。格，旧法。

③《诗·大雅·崧高》："崧高维岳，骏极于天。"嵩，同"崧"，山大而高。骏，大。

④《诗·鄘风·河广》："谁谓河广，曾不容刀。"舠，小船。

⑤《诗·大雅·假东》："千禄百福，子孙千亿。"十万曰亿，谓得禄千亿。

民靡孑遗；[①]襄陵举滔天之目，[②]倒戈立漂杵之论；[③]辞虽已甚，其义无害也。且夫鸮音之丑，岂有泮林而变好？[④]荼味之苦，宁以周原而成饴？[⑤]并意深褒赞，故义成矫饰。大圣所录，以垂宪章；孟轲所云“说诗者不以文害辞，不以辞害意”也。

自宋玉景差，夸饰始盛；[⑥]相如凭风，诡滥愈甚。[⑦]故上林之馆，奔星与宛虹入轩；从禽之盛，飞廉与焦明俱获。[⑧]及扬雄《甘泉》，酌其余波，语

---

① 《诗·大雅·云汉》：“周余黎民，靡有孑遗。”

② 《尚书·尧典》：“汤汤洪水方割，荡荡怀山襄陵，浩浩滔天。”割，损害。怀，包围。襄，上升至高处。浩浩，盛大若漫天。

③ 《尚书·武成》：“罔有敌于我师，前徒倒戈，攻于后以北，血流漂杵。”

④ 《诗·鲁颂·泮水》：“翩彼飞鸮，集于泮林。食我桑葚，怀我好音。”怀，归向。言鸮夜恶鸣，今来止于泮水之木上，食其桑葚，为此之故，故改其鸣，归就我以善音，喻感于恩则化。

⑤ 《诗·大雅·绵》：“周原膴膴，堇荼如饴。”言周之原地，膴膴然肥美；其所生菜，虽如堇荼之性苦，亦甘如饴。

⑥ 扬雄《法言·吾子》：“诗人之赋丽以则，辞人之赋丽以淫。”屈原所作，诗人之赋也；宋玉、景差为辞人之赋，故夸饰盛。

⑦ 司马相如奏《大人赋》，天子大悦，飘飘有陵云气游天地之间意，惟其诡滥，故使人有凭风欲仙之感。见《汉书·司马相如传》。

⑧ 司马相如《上林赋》：“于是乎离宫别馆，弥山跨谷……奔星更于闺闼，宛虹拖于楯轩。”奔星，流星。宛虹，屈曲之虹。楯，栏槛。轩，楯下版。赋又言天子校猎曰“椎蜚廉”“掩焦明”。飞廉，龙雀，鸟身鹿头。焦明，状似凤皇。掩，获取。

瑰奇则假珍于玉树，言峻极则颠坠于鬼神。[①]至《东都》之比目，[②]《西京》之海若，[③]验理则理无可验，穷饰则饰犹未穷矣。又子云《羽猎》，鞭宓妃以饷屈原；张衡《羽猎》，困玄冥于朔野。娈彼洛神，既非罔两，惟此水师，亦非魑魅；[④]而虚用滥形，不其疏乎！此欲夸其威而饰其事，义睽剌也。[⑤]至如气貌山海，体势宫殿，嵯峨揭业，熠耀焜煌之状，[⑥]光采炜炜而欲然，[⑦]声貌岌岌[⑧]其将动矣，莫不因夸以成状，沿饰而得奇也。于是后进之才，奖气挟声，轩翥而欲奋飞，腾掷而羞跼步。辞入炜烨[⑨]，春

① 扬雄《甘泉赋》："翠玉树之青葱兮。"又："鬼魅不能自逮兮，半长途而下颠。"逮，及。颠，陨落。

② 《尔雅·释地》："东方有比目鱼焉，不比不行，其名谓之鲽。"班固《西都赋》引之，文云《东都》，盖误记。

③ 张衡《西京赋》："海若游于玄渚。"海若，海神。

④ 扬雄《羽猎赋》："鞭洛水之宓妃，饷屈原与彭胥。"宓妃，伏羲氏女，溺死洛水为神。彭，彭咸。胥，伍子胥。张衡亦有《羽猎赋》，今残存者无玄冥一语。玄冥，水官之长。娈，美好貌。罔两、魑魅，皆怪物。

⑤ 睽，违背。剌，乖戾。

⑥ 嵯峨，山高貌。揭业，状建筑物之高。熠，yì；熠耀、焜煌，皆光明貌。

⑦ 炜炜，盛大。然，后作"燃"。

⑧ 岌岌，高貌。

⑨ 烨，yè，明亮。

藻不能程其艳；言在萎绝，寒谷未足成其凋。[①]谈欢则字与笑并，论戚则声共泣偕，信可以发蕴而飞滞，披瞽而骇聋矣。然饰穷其要，则心声锋起，夸过其理，则名实两乖，若能酌《诗》《书》之旷旨，翦扬马之甚泰，使夸而有节，饰而不诬，亦可谓之懿也。

赞曰：夸饰在用，文岂循检[②]。言必鹏运，[③]气靡鸿渐。[④]倒海探珠，倾昆取琰。[⑤]旷而不溢，奢而无玷[⑥]。

---

① 寒谷不生五谷。见刘向《别录》。

② 检，检制。

③ 鹍化为鹏，海运则将徙南冥。见《庄子·逍遥游》。南冥，天池。

④ 《易·渐卦》有“鸿渐于逵”“鸿渐于陆”等语。靡，偃。

⑤ 琰，yǎn，美玉。昆，山名，产玉。

⑥ 玷，瑕缺。

# 事类

事类者，盖文章之外，据事以类义，援古以证今者也。昔文王繇《易》，剖判爻位；[①]《既济》九三，远引高宗之伐；[②]《明夷》六五，近书箕子之贞：[③]斯略举人事以征义者也。至若胤征羲和，陈《政典》之训；[④]盘庚诰民，叙迟任之言：[⑤]此全引成

① 伏羲画八卦，文王重之为六十四卦，每卦六画，共三百八十四爻。爻分阴阳，阳爻为初九、九二、九三、九四、九五、上九，阴爻为初六、六二、六三、六四、六五、上六。繇，zhòu，抽出吉凶。

② 《易·既济》："九三，高宗伐鬼方，三年克之。"高宗，殷中兴主。鬼方，古地名。

③ 《易·明夷》："六五，箕子之明夷，利贞。"箕子，纣叔父，见纣无道，佯狂为奴。

④ 夏仲康时，羲和废职，命胤侯征之，作《胤征》，其中引《政典》曰："先时者杀无赦，不及时者杀无赦。"见《尚书·胤征》。《政典》，夏后为政之典籍。

⑤ 《尚书·盘庚》："迟任有言曰：'人惟求旧，器非求旧，惟新。'"盘庚，商君。迟任，古贤人。

辞以明理者也。然则明理引乎成辞，征义举乎人事，乃圣贤之鸿谟，经籍之通矩也。《大畜》之象“君子以多识前言往行”，[①]亦有包于文矣。

观夫屈宋属篇，号依诗人，虽引古事，而莫取旧辞。唯贾谊《鹏赋》，始用《鹖冠》之说；[②]相如《上林》，撮引李斯之书；[③]此万分之一会也。及扬雄《百官箴》，颇酌于《诗》《书》；[④]刘歆《遂初赋》，历叙于纪传，[⑤]渐渐综采矣。至于崔班张蔡，[⑥]遂捃摭[⑦]经史，华实布濩[⑧]，因书立功，皆后人之范式也。

夫姜桂因地，辛在本性；[⑨]文章由学，能在天资。才自内发，学以外成。有学饱而才馁，有才

---

① 《易·大畜》象辞。

② 《鹏赋》语多与《鹖冠子·世兵》同。

③ 李斯《谏逐客书》：“建翠凤之旗，树灵鼍之鼓。”《上林赋》：“建翠华之旗，树灵鼍之鼓。”

④ 扬雄作《十二州牧箴》《二十五官箴》，未作《百官箴》，《百官箴》乃后汉胡广作，或因疑“百”为“州”之误。

⑤ 刘歆见摈，不得意，因作《遂初赋》，文中感往寓意，皆《春秋》《左传》中事。

⑥ 崔，崔骃。班，班固。张，张衡。蔡，蔡邕。

⑦ 捃摭，拾取。

⑧ 布濩，散布。

⑨ 言姜桂虽因地而生，辛固在其本性。

富而学贫。学贫者迍邅[①]于事义，才馁者劬劳于辞情，此内外之殊分也。是以属意立文，心与笔谋，才为盟主，学为辅佐。主佐合德，文采必霸，才学褊狭，虽美少功。夫以子云之才，而自奏不学，及观书石室，乃成鸿采。[②]表里相资，古今一也。故魏武称："张子之文为拙，然学问肤浅，所见不博，专拾掇崔杜小文，所作不可悉难，难便不知所出。"[③]斯则寡闻之病也。夫经典沉深，载籍浩瀚，实群言之奥区，而才思之神皋也。扬班以下，莫不取资。任力耕耨，纵意渔猎；操刀能割，必列膏腴。是以将赡才力，务在博见，狐腋非一皮能温，鸡跖必数千而饱矣。[④]

是以综学在博，取事贵约，校练务精，捃理

① 迍邅，zhūnzhān，难行不进貌。

② 扬雄《答刘歆书》："雄为郎之岁，自奏少不得学，而心好沉博绝丽之文。愿不受三岁之奉，且休脱直事之繇；得肆心广意以自克就。有诏可不夺奉。令尚书赐笔墨钱六万，得观书于石室。"

③ 魏武语不详。

④ 《慎子·知忠》："粹白之裘，盖非一狐之皮。"《淮南子·说山训》："天下无粹白狐，而有粹白之裘，掇之众白也。善学者，若齐王之食鸡，必食其跖数千而后足。"跖，鸡足踵。此段言学欲博。

须核，[①]众美辐辏，表里发挥。刘劭《赵都赋》[②]云："公子之客，叱劲楚令歃盟；[③]管库隶臣，呵强秦使鼓缶。"[④]用事如斯，可谓理得而义要矣。故事得其要，虽小成绩，譬寸辖制轮，尺枢运关也。[⑤]或微言美事，置于闲散，是缀金翠于足胫，靓粉黛于胸臆也。[⑥]

凡用旧合机，不啻自其口出；引事乖谬，虽千载而为瑕。陈思，群才之英也，报孔璋书云："葛天氏之乐，千人唱，万人和，听者因以蔑《韶》《夏》矣。"[⑦]此引事之实谬也，按葛天之歌，唱和三人而已。[⑧]相如《上林》云："奏陶唐之舞，听葛天

---

① 学欲博而校练须精，取事捃理，宜求约核。

② 刘劭，字孔才，三国魏人，作《赵都赋》，明帝美之，文今残。

③ 公子，赵平原君赵胜。客，毛遂。遂从平原君往楚，迫楚王定盟，事见《史记·平原君虞卿列传》。

④ 此蔺相如从赵王与秦王会渑池事，见《史记·蔺相如廉颇列传》，相如本宦者缪贤舍人，故称为管理仓库之贱臣。

⑤ 《淮南子·缪称训》："终年为车，无三寸之辖，不可以驰驱。匠人斫户，无一尺之楗，不可以闭藏。"辖，车轴端键，以铁为之，车轴出毂外，则以键固之。枢，户枢。楗，同"键"，关键。

⑥ 靓，jìng，粉黛妆饰。此段言择欲精。

⑦ 陈思王书今逸。《韶》，舜乐。《夏》，禹乐。

⑧ 《吕氏春秋·古乐》："昔葛天氏之乐，三人操牛尾，投足以歌八阕。"

之歌，千人唱，万人和。”唱和千万人，乃相如推之；然而滥侈葛天，推三成万者，信赋妄书，致斯谬也。陆机《园葵诗》云：“庇足同一智，生理合异端。”夫葵能卫足，事讥鲍庄，[①]葛藟庇根，辞自乐豫；[②]若譬葛为葵，则引事为谬；若谓庇胜卫，则改事失真：斯又不精之患。夫以子建明练，士衡沉密，而不免于谬；曹洪之谬高唐，又曷足以嘲哉！[③]夫山木为良匠所度，经书为文士所择，木美而定于斧斤，事美而制于刀笔，研思之士，无惭匠石矣。[④]

赞曰：经籍深富，辞理遐亘。皓如江海，[⑤]郁

---

① 齐灵公刖鲍牵，仲尼曰：“鲍庄子之知不如葵，葵犹能卫其足。”见《左传·成公十七年》。

② 宋昭公将去群公子，乐豫曰：“不可。公族，公室之枝叶也，若去之，则本根无所庇荫矣。葛藟犹能庇其本根，故君子以为比，况国君乎。”见《左传·文公七年》。

③ 陈琳《为曹洪与魏文帝书》，有“盖闻过高唐者，效王豹之讴”之句，李善注引《孟子·告子下》：“昔王豹处淇，而河西善讴；绵驹处高唐，而齐右善歌。”洪书“绵驹”误作“王豹”。文帝当答书嘲之，答书今逸。

④ 匠石，匠人名石，神于艺者。此段引曹、陆为鉴，言用事宜审。

⑤ 皓，hào，光白貌。

若昆邓。[1]文梓[2]共采，琼珠交赠。用人若己，古来无懵[3]。

① 昆，昆冈，产玉。邓，邓林，夸父之杖所化。见《山海经》。

② 文梓，神木。见《吴越春秋·勾践阴谋外传》。

③ 懵，闷。

# 练字

夫文象列而结绳移，鸟迹明而书契作，[①]斯乃言语之体貌，而文章之宅宇也。[②]苍颉造之，鬼哭粟飞；[③]黄帝用之，官治民察。[④]先王声教，书必同文，輶轩之使，纪言殊俗，所以一字体，总异音。[⑤]《周礼》保氏，掌教六书。[⑥]秦灭旧章，以吏为师。[⑦]

---

① 上古结绳而治，后世圣人易之以书契，百官以治，万民以察。见《易·系辞下》。黄帝之史苍颉，见鸟兽蹄迒之迹，知分理之可相别异也，初造书契。见《说文解字叙》。

② 体貌，犹言符号。文章之宅宇，谓文章寄托于字体。

③ 《淮南子·本经训》："昔者仓颉作书而天雨粟，鬼夜哭。"言文字兴而乱渐见，故感而有变象。

④ 见本页注①。

⑤ 《礼记·中庸》："今天下车同轨，书同文，行同伦。"輶，yóu；輶轩，轻车，天子之使乘之。三代周秦常以岁八月遣輶轩之使巡求异代方言，以木铎记诗言。

⑥ 《周礼·保氏》："掌谏王恶，养国子以道，教之六艺……五曰六书……六书，象形、会意、转注、处事、假借、谐声也。"

⑦ 李斯事始皇，奏请烧灭天下《诗》、《尚书》、百家语，有欲学法令者，以吏为师。

及李斯删籀而秦篆兴，[①]程邈造隶而古文废。[②]汉初草律，明著厥法：太史学童，教试六体；又吏民上书，字谬辄劾。[③]是以马字缺画，而石建惧死，[④]虽云性慎，亦时重文也。至孝武之世，则相如撰篇。[⑤]及宣平二帝，征集小学，张敞以正读传业，扬雄以奇字纂训，[⑥]并贯练《雅》《颉》，总阅音义，鸿笔之徒，莫不洞晓。且多赋京苑，假借形声，是以前汉小学，率多玮字，非独制异，乃共晓难也。[⑦]暨乎

---

① 籀，zhòu，书法名，周宣王时太史籀所作，故称，亦即大篆。李斯奏罢不与秦文合者，作《仓颉篇》，赵高作《爰历篇》，胡母敬作《博学篇》，皆取籀书省改之，所谓小篆者也。见《说文解字叙》。

② 秦隶书始皇使下邽人程邈作。

③ 萧何草律，著其法曰："太史试学童能讽书九千字以上，乃得为史。又以六体试之，课最者以为尚书、御史、史书、令史。吏民上书，字或不正，辄举劾。"六体者，古文、奇字、篆书、隶书、缪篆、虫书。见《汉书·艺文志》。

④ 石奋子建为郎中令，奏事下，建读之，惊恐曰："书'马'者与尾而五，今乃四，不足一，获谴死矣。"见《汉书·石奋传》。

⑤ 《汉书·艺文志》："武帝时，司马相如作《凡将篇》，无复字。"

⑥ 小学，文字之学。宣帝时，以《仓颉》多古字，俗师失其读，征齐人能正读者，张敞从受之，杜业、爰礼、秦近亦能言之。平帝时，征爰礼等百余人，说字未央庭中，扬雄采其有用者，作《训纂篇》。

⑦ 西汉扬雄、司马相如之徒，多能洞明字学，其文用古文奇字甚多。

后汉，小学转疏，复文隐训，臧否大半。[①]及魏代缀藻，则字有常检，追观汉作，翻成阻奥。故陈思称："扬马之作，趣幽旨深，读者非师传不能析其辞，非博学不能综其理。"岂直才悬，抑亦字隐。[②]自晋来用字，率从简易，时并习易，人谁取难？今一字诡异，则群句震惊；三人弗识，则将成字妖矣。后世所同晓者，虽难斯易；时所共废，虽易斯难，趣舍之间，不可不察。夫《尔雅》者，孔徒之所纂，而《诗》《书》之襟带也；[③]《仓颉》者，李斯之所辑，而史籀之遗体也。[④]《雅》以渊源诂训，《颉》以苑囿奇文，异体相资，如左右肩股，该旧而知新，亦可以属文。若夫义训古今，兴废殊用，字形单复，妍媸异体，心既托声于言，言亦寄形于字，讽诵则绩在宫商，临文则能归字形矣。

---

① 复文，如有"长"字"斗"字，重作"马头人"之"长"，"人持十"之"斗"之类。隐训，诡僻之训，如"屈中为虫""苛之字止句也"之类。大，或疑"亦"之误，臧否亦半，言后汉之文，有深于小学者，有疏于小学者，善否各半云。

② 陈思语不详所自。

③ 扬雄谓《尔雅》为孔门游夏之传，郑玄只云孔子门人所作。

④ 李斯作《仓颉》七篇，文字多取史籀。

是以缀字属篇，必须练择：一避诡异，二省联边，三权重出，四调单复。诡异者，字体瑰怪者也，曹摅诗称："岂不愿斯游，褊心恶讻呶。"[1]两字诡异，大疵美篇，况乃过此，其可观乎！联边者，半字同文者也。状貌山川，古今咸用，施于常文，则龃龉为瑕；如不获免，可至三接，[2]三接之外，其字林乎。重出者，同字相犯者也。《诗》《骚》适会，而近世忌同；若两字俱要，则宁在相犯。[3]故善为文者，富于万篇，贫于一字，一字非少，相避为难也。单复者，字形肥瘠者也。瘠字累句，则纤疏而行劣；肥字积文，则黯黕[4]而篇暗。善酌字者，参伍单复，磊落如珠矣。凡此四条，虽文不必有，而体例[5]不无；若值而莫悟，则非精解。

至于经典隐暧，方册纷纶，简蠹帛裂，三写

① 据诗无考。讻呶，喧哗声。

② 三接，半字同文之字，可连接三字；如沈约诗"别羽泛清源"，水旁之字，连接至三字。

③ 曹植《弃妇》二十四语中，重韵甚多，殆即两字俱要，则相互抵触。

④ 黕，dǎn。黯黕，阴貌。

⑤ 例，或谓当作"非"。

易字，[①]或以音讹，或以文变。子思弟子，於穆不祀者，音讹之异也；[②]晋之史记，三豕渡河，文变之谬也。[③]《尚书大传》有“别风淮雨”；《帝王世纪》云“列风淫雨”。“别”“列”“淮”“淫”，字似潜移；“淫”“列”义当而不奇，“淮”“别”理乖而新异。傅毅制诔，已用“淮雨”，[④]固知爱奇之心，古今一也。史之阙文，圣人所慎，若依义弃奇，则可与正文字矣。

赞曰：篆隶相镕，《苍》《雅》品[⑤]训。古今殊迹，妍媸异分。字靡易流，文阻难运。声画昭精，[⑥]墨采腾奋。

---

① 书三写，鱼成鲁，帝成虎。见《抱朴子·遐览》。

② 《诗·周颂·维天之命》：“於穆不已。”孟仲子曰：“於穆不祀。”此为彦和所本。孟仲子，子思弟子。

③ 子夏之晋，过卫，有读史记者曰：“晋师三豕涉河。”子夏曰：“非也，是己亥也。”“己”与“三”相近，“亥”与“豕”相似，至于晋而问之，果曰“晋师己亥涉河也”。见《吕氏春秋·求人》。

④ 傅毅《北海靖王兴诔》：“白日幽光，淮雨杳冥。”后人易为“氛雾杳冥”，诔文今不全。

⑤ 品，品量。

⑥ 扬雄《法言·问神》：“言，心声也；书，心画也。”

# 指瑕[1]

管仲有言："无翼而飞者声也，无根而固者情也。"[2]然则声不假翼，其飞甚易；情不待根，其固匪难：以之垂文，可不慎欤！古来文才，异世争驱；或逸才以爽迅，或精思以纤密，而虑动难圆，鲜无瑕病。陈思之文，群才之俊也，而《武帝诔》云"尊灵永蛰"，[3]《明帝颂》云"圣体浮轻"。[4]浮轻有似于胡蝶，永蛰颇疑于昆虫，施之尊极，岂其当乎！左思《七讽》，说孝而不从，反道若斯，余不

---

① 本篇所指之瑕，凡为六类：一为文义失当；二为比拟不类；三为字义依稀；四为语音犯忌；五为掠人之美；六为注解谬误。

② 语出《管子·戒》。无翼而飞，如出言门庭，千里必应。无根而固，如同舟共济，胡越相亲。文引二语，喻文传久远，易为人记识。

③ 曹植《武帝诔》："幽闼一扃，尊灵永蛰。"

④ 曹植《冬至献袜颂》："翱翔万域，圣体浮轻。"

足观矣。[①]潘岳为才，善于哀文，然悲内兄，则云“感口泽”，[②]伤弱子，则云“心如疑”。[③]礼文在尊极，而施之下流，辞虽足哀，义斯替矣。若夫君子拟人，必于其伦。[④]而崔瑗之诔李公，比行于黄虞；[⑤]向秀之赋嵇生，方罪于李斯[⑥]；与其失也，虽宁僭无滥，[⑦]然高厚之诗，不类甚矣。[⑧]凡巧言易标，拙辞难隐，斯言之玷，实深白圭。[⑨]繁例难载，故略举四条。[⑩]

---

① 左思《七讽》文残逸。

② 潘岳《悲内兄文》无考，《礼记 · 玉藻》：“父没而不能读父之书，手泽存焉尔；母没而杯圈不能饮焉，口泽之气存焉尔。”

③《礼记 · 檀弓上》：“孔子在卫，有送葬者，而夫子观之，曰：‘善哉为丧乎’……‘其往也如慕，其反也如疑。’”潘岳《金鹿哀辞》：“将反如疑，回首长顾。”

④《礼记 · 曲礼下》：“拟人必于其伦。”

⑤ 崔瑗《李公诔》无考。

⑥ 向秀《思旧赋》：“昔李斯之受罪兮，叹黄犬而长吟。悼嵇生之永辞兮，顾日影而弹琴。”

⑦《左传 · 襄公二十六年》：“善为国者，赏不僭而刑不滥……若不幸而过，宁僭无滥。”僭，差误。滥，过分。宁僭指崔诔，无滥指向赋。

⑧《左传 · 襄公十六年》：“晋侯与诸侯宴于温，使诸大夫舞，曰：‘歌诗必类。’齐高厚之诗不类。”必类，使各从恩好之义类。不类，非其我类也。

⑨《诗 · 大雅 · 荡》：“白圭之玷，尚可磨也。斯言之玷，不可为也。”

⑩ 四条，即上陈思比尊于微，左思反道，潘岳称卑如尊，崔、向僭滥是也。

若夫立文之道，惟字与义：字以训正，义以理宣。而晋末篇章，依希其旨，始有赏际奇至之言，终有抚叩酬酢之语，每单举一字，指以为情。夫赏训锡赉，岂关心解？抚训执握，何预情理？[①]《雅》《颂》未闻，汉魏莫用，悬领似如可辩，课文了不成义，斯实情讹之所变，文浇之致弊。[②]而宋来才英，未之或改，旧染成俗，非一朝也。近代辞人，率多猜忌，至乃比语求蚩，反音取瑕，[③]虽不屑于古，而有择于今焉。[④]又制同他文，理宜删革；若掠人美辞，以为己力，宝玉大弓，终非其

① 此节难得确解，沈约《宋书·谢灵运传论》“讽高历赏”，傅亮《修张良庙教》“抚事弥深”，即六朝人用“赏”字“抚”字之例。实则“赏”在《说文解字》作“赐有功”解，“抚”于《广雅》作“持”解。

② 晋来造语依稀，除赏抚二字外，解识曰领悟，契合曰会心，誉人如亭亭直上、罗罗清疏等，叩其实义，皆欠分明，此皆文浇之致弊也。见黄侃《文心雕龙札记》。

③ 比语，谐音字。蚩，同“嗤”，嗤笑。梁费昶诗：“不知是耶非。”殷沄诗：“飙扬云母舟。”简文帝曰：“昶既不识其父，沄又飙扬其母。”见《颜氏家训·文章》。此即“比语求蚩”之类。反音，反切。如任昉言何绍智诗，可谓高厚，何大怒，以为称己为狗号。见《金楼子·杂记》。高厚反切音读同“狗”；厚高反切音读同“号”。

④ “虽不屑”句，言此虽不雅，然习俗如是，亦不可不留意，以免世之猜忌。

有。[①]全写则揭箧，傍采则探囊，[②]然世远者太轻，时同者为尤矣。[③]

若夫注解为书，所以明正事理，然谬于研求，或率意而断。《西京赋》称中黄育获之畴，而薛综谬注谓之阉尹，是不闻执雕虎之人也。[④]又《周礼》井赋，旧有匹马，[⑤]而应劭释匹，或量首数蹄，斯岂辩物之要哉！[⑥]原夫古之正名，车两而马匹，匹两称目，以并偶为用。[⑦]盖车贰佐乘，马俪骖服，服乘不只，故名号必双。[⑧]名号一正，则虽单为匹矣，

① 《公羊传·定公八年》记载阳虎窃宝玉大弓。宝玉，夏后氏之璜；大弓，封父之繁弱。

② 《庄子·胠箧》："将为胠箧探囊发匮之盗而为守备……然而巨盗至，则负匮揭箧担囊而趋。"

③ 世远者太轻，言窃取古辞，是轻薄无行。时同者为尤，言掠取时说，将自招尤咎。

④ 《尸子》："中黄伯曰：'余左执太行之獶，而右搏雕虎。'"獶，náo，猕猴。雕，文采之意。育，夏育；获，乌获，皆古勇士。

⑤ 《司马法》："六尺为步，步百为亩，亩百为夫，夫三为屋，屋三为井，井十为通，通为匹马。"三十家使出马一匹，故曰通为匹马。

⑥ 应劭《风俗通》今本无"量首数蹄"之文。

⑦ 车数称两，以其有两轮；马称匹，由牝牡相离。其目本因偶而生，夫而去妇称匹夫，妇而去夫称匹妇，亦犹是理。

⑧ 贰佐，均指副车。骖服，均指驾车之马。骖两服两，骖在外，服在内。

匹夫匹妇，亦配义矣。夫车马小义，而历代莫悟；辞赋近事，而千里致差；况钻灼[①]经典，能不谬哉！夫辩匹而数首蹄，选勇而驱阉尹，失理太甚，故举以为戒。丹青初炳而后渝，文章岁久而弥光，若能隳括于一朝，可以无惭于千载也。

赞曰：羿氏舛射，[②]东野败驾。[③]虽有俊才，谬则多谢[④]。期言一玷，千载弗化。令章靡疚，[⑤]亦善之亚。

---

① 钻灼，犹钻研。

② 羿善射，御吴贺北游，贺使射雀左目，羿误中右目，愧以终身。见《太平御览》卷八十二引《帝王世纪》。

③ 东野稷以御见庄公，进退中绳，左右旋中规。庄公使之钩百而反。颜阖见之，入曰："稷之马将败。"少焉，果败而反。公问何以知之，阖曰："其马力竭矣，而犹求焉，故曰败。"见《庄子·达生》。钩百，任意旋回，如钩之曲，百度反之，皆复其迹。

④ 谢，衰退。

⑤ 靡，无。疚，病。

# 养气[①]

昔王充著述，制养气之篇，验已而作，岂虚造哉！[②]夫耳目鼻口，生之役也；心虑言辞，神之用也。率志委和，[③]则理融而情畅；钻砺[④]过分，则神疲而气衰：此性情之数也。夫三皇辞质，心绝于道华[⑤]；帝世始文，言贵于敷奏[⑥]。三代春秋，虽沿世弥缛[⑦]，并适分胸臆，非牵课才外也。战代枝诈，攻

---

① 文贵循乎自然，勉强为之，虽成勿美，本篇大意，即基于此。

② 王充《论衡·自纪》："章和二年，罢州家居，年渐七十，时可悬舆……乃作养性之书，凡十六篇。养气自守，适食则酒，闭明塞聪，爱精自保，适辅服药，引导庶冀性命可延，斯须不老。"

③ 率志，逞志。和，冲和之气。

④ 钻砺，刻苦研求之意。

⑤ 道华，言辞华饰。

⑥ 敷奏，敷叙陈述。

⑦ 缛，繁采饰。

奇饰说；汉世迄今，辞务日新，争光鬻采，虑亦竭矣。故淳言以比浇辞，文质悬乎千载；率志以方竭情，劳逸差于万里。古人所以余裕，后进所以莫遑也。凡童少鉴浅而志盛，长艾[①]识坚而气衰，志盛者思锐以胜劳，气衰者虑密以伤神。斯实中人之常资，岁时之大较也。若夫器分有限，智用无涯，或惭凫企鹤，[②]沥辞镌思，[③]于是精气内销，有似尾闾之波；[④]神志外伤，同乎牛山之木。[⑤]怛惕[⑥]之成疾，亦可推矣。至如仲任置砚以综述，[⑦]叔通怀笔以专业，[⑧]既暄[⑨]之以岁序，又煎之以日时。是以曹公惧为文

---

① 五十曰艾。

② 《庄子·骈拇》:“是故凫胫虽短，续之则忧；鹤胫虽长，断之则悲。故性长非所断，性短非所续，无所去忧也。”

③ 沥辞，刻意为文。镌思，苦思。

④ 《庄子·秋水》:“天下之水，莫大于海。万川归之，不知何时止而不盈；尾闾泄之，不知何时已而不虚。”尾闾，传说中泄海水之处。

⑤ 《孟子·告子上》:“牛山之木尝美矣，以其郊于大国也，斧斤伐之……牛羊又从而牧之，是以若彼濯濯也。”濯濯，无草木貌。

⑥ 怛惕，惊恐。

⑦ 仲任，王充字。充贫无书，往市中省所卖书，一见便忆，门墙屋柱，皆施笔砚，以著《论衡》。见《后汉书·王充传》。

⑧ 叔通，曹褒字。褒恨朝廷制度未备，慕叔孙通为汉礼仪，昼夜研思，寝则怀抱笔札，行则诵习文书。见《后汉书·曹褒传》。

⑨ 暄，耗时之意。

之伤命，[1]陆云叹用思之困神，[2]非虚谈也。夫学业在勤，功庸[3]弗怠，故有锥股自厉，和熊以苦之人。[4]至于文也，则申写郁滞，故宜从容率情，优柔适会；若销铄[5]精胆，蹙迫和气，秉牍以驱龄，洒翰以伐性[6]，岂圣贤之素心，会文之直[7]理哉！且夫思有利钝，时有通塞。沐则心覆，且或反常，[8]神之方昏，再三愈黩。是以吐纳文艺，务在节宣；[9]清和其心，调畅其气，烦而即舍，勿使壅滞。[10]意得则舒怀以命笔，理伏则投笔以卷怀；逍遥以针劳，谈

---

① 曹公语未详，惟曹植有反胃之论。

② 陆云《与兄平原书》："兄文章已自行天下，多少无所在，且用思困人，亦不事复及。"

③ 庸，功劳。

④ 苏秦读书欲睡，引锥自刺其股，血流至足。见《战国策·秦策一》。

⑤ 铄，销损。

⑥ 伐性，残害生命。《吕氏春秋·本生》："靡曼皓齿，郑、卫之音，务以自乐，命之曰伐性之斧。"

⑦ 直，正。

⑧ 《左传·僖公二十四年》记载"晋侯之竖头须求见，公辞焉以沐。谓仆人曰：'沐则心覆，心覆则图反，宜吾不得见也。'"文引此，喻时机之不当。

⑨ 节宣其气。

⑩ 二语出《左传·昭公元年》。

笑以药倦；常弄闲于才锋，贾余于文勇，[1]使刃发如新，[2]腠理无滞；[3]虽非胎息[4]之迈术，斯亦卫气之一方也。

赞曰：纷哉万象，劳矣千想。玄神宜宝，素气资养。水停以鉴，[5]火静而朗。无扰文虑，郁此精爽。[6]

---

① 犹言贾余勇于文。贾，gǔ，售。

② 《庄子·养生主》："臣之刀十九年矣，所解数千牛，而刀刃若新发于硎。"硎，砥石。

③ 《吕氏春秋·先己》："用其新，去其陈，腠理遂通。"腠理，肌脉。

④ 胎息，习闭气而吞之。见《后汉书·方术传》。

⑤ 《庄子·天道》："水静则明烛须眉。"

⑥ 郁，培养。精爽，神明。

# 附会[1]

何谓附会？谓总文理，统首尾，定与夺，合涯际，弥纶一篇，[2]使杂而不越者也。若筑室之须基构，裁衣之待缝缉矣。夫才量学文，[3]宜正体制。必以情志为神明，事义为骨髓，辞采为肌肤，宫商为声气，然后品藻玄黄，[4]摛振金玉，[5]献可替否，以裁厥中，斯缀思之恒数也。凡大体文章，类多枝派。整派者依源，理枝者循干。是以附辞会义，务总纲

---

① 附会者，首尾一贯，使通篇相附而会于一，即后来之章法；附与会二者之用，各自不同。

② 弥，联合。纶，条理。

③ 量，优善之义。

④ 品藻，定其差等及文质。玄黄，色彩，此谓辞采。

⑤ 发为佳文之义。

领，[①]驱万涂于同归，贞[②]百虑于一致，使众理虽繁，而无倒置之乖；[③]群言虽多，而无棼丝之乱；[④]扶阳而出条，[⑤]顺阴而藏迹；[⑥]首尾周密，表里一体。此附会之术也。夫画者谨发而易貌，射者仪毫而失墙，[⑦]锐精细巧，必疏体统。故宜诎寸以信尺，枉尺以直寻，[⑧]弃偏善之巧，学具美之绩。此命篇之经略也。[⑨]夫文变多方，意见浮杂，约则义孤，博则辞叛，率故多尤，需为事贼。[⑩]且才分不同，思绪各异，或制首以通尾，或尺接以寸附，[⑪]然通制者盖寡，接附

① 此为命意布局时言。

② 贞，正。

③ 此善会之谓。

④ 此善附之谓。

⑤ 此谓辞义之宜见于文者。

⑥ 此谓辞义之不必见于文者。

⑦ 《吕氏春秋·处方》："今夫射者仪毫而失墙，画者仪发而易貌，言审本也。"仪，观察。

⑧ 八尺曰寻。上句见《文子·上义》，下句见《孟子·滕文公下》。

⑨ 自大体文章至此，谓谋篇之始，宜规划大体，明立骨干，体干既立，然后整理枝派，殊途同归；不然，徒知锐精细巧，务其一偏，体干必有倒置棼乱之失。

⑩ 《左传·哀公十四年》："需，事之贼也。"需，迟疑。言率尔操觚，事不经思，固多尤悔，而意见浮杂，迟疑寡断，亦害于文。

⑪ 尺接寸附，由于体统之疏，苟能总挈纲领，首末合序，即无此失。

者甚众，若统绪失宗，辞味必乱，义脉不流，则偏枯文体。夫能悬识腠理[①]，然后节文自会，如胶之粘木，豆之合黄矣。[②]是以驷牡异力，而六辔如琴，并驾齐驱，而一毂统辐[③]。驭文之法，有似于此；去留随心，修短在手，齐其步骤，总辔而已。[④]故善附者，异旨如肝胆；拙会者，同音如胡越。改章难于造篇，易字艰于代句，此已然之验也。昔张汤拟奏而再却，虞松草表而屡谴，并理事之不明，而词旨之失调也。及兒宽更草，钟会易字，而汉武叹奇，晋景称善者，乃理得而事明，心敏而辞当也。[⑤]以此而观，则知附会巧拙，相去远哉！[⑥]若夫绝笔断章，譬乘舟之振楫，会词切理，如引辔以挥

① 凑理，即腠理，见《养气》注。

② 豆之合黄，未详；《太平御览》引此，作“石之合玉”。

③ 辐，车轮中直木，内集于毂，外入于牙。

④ 此上皆为行文时言。

⑤ 张汤为廷尉，有疑奏，再见却，掾史莫知所为，兒宽为奏，即时得可。见《汉书·兒宽传》。司马景王令中书令虞松作表，再呈皆不当意，钟会为定五字，呈王，王曰：“不当尔耶？谁所定也？”见《太平御览》卷二百二十。

⑥ 二例以证善附善会之义。

鞭，克终底绩，寄深写送；[①]若首唱荣华，而媵句憔悴，则遗势郁湮，余风不畅，此《周易》所谓“臀无肤，其行次且”也。[②]惟首尾相援，则附会之体，固亦无以加于此矣。[③]

赞曰：篇统间关[④]，情数稠叠。原始要终，疏条布叶。道味相附，悬绪自接。如乐之和，心声克协。

① 写送，犹言文势。
② 《易·夬卦》语。次且，同“趑趄”，行不进。
③ 自绝笔句至此，言文章收束，亦不可苟。
④ 间关，艰涩。

# 总术[1]

今之常言，有文有笔，以为无韵者笔也，有韵者文也。夫文以足言，理兼《诗》《书》，别目两名，自近代耳。颜延年以为："笔之为体，言之文也，经典则言而非笔，传记则笔而非言。"[2]请夺彼矛，还攻其楯矣。何者？《易》之《文言》，岂非言文，若笔为言文，不得云经典非笔矣。将以立论，未见其论立也。予以为：发口为言，属笔曰翰，常道曰经，述经曰传。经传之体，出言入笔。笔为言使，可强可弱，[3]六经以典奥为不刊，非以

① 此篇乃总会《神思》以至《附会》之旨，而丁宁郑重言之，非别有所谓总术。意在提纲挈领，指陈枢要。

② 颜语未审所出。

③ 强弱，犹言质文。

言笔为优劣也。[①]昔陆氏《文赋》，号为曲尽，然泛论纤悉，而实体未该，故知九变之贯匪穷，知言之选难备矣。[②]

凡精虑造文，各竞新丽，多欲练辞，莫肯研术。落落[③]之玉，或乱乎石；碌碌[④]之石，时似乎玉。精者要约，匮者亦鲜；[⑤]博者该赡，芜[⑥]者亦繁；辩者昭晰，浅者亦露；奥者复隐，诡者亦典。或义华而声悴[⑦]，或理拙而文泽。知夫调钟[⑧]未易，张琴

① 自“予以为”句至此，言属笔皆称为笔，而经传又笔中之细名，同出于言，同入于笔，经传之优劣在理，不以言笔为优劣也。本书屡以文笔分类，此篇独斥其分别之谬，观其“别目两名，自近代耳”之语，殆从俗而区分之；然虽从俗，固二者并重，未尝以笔非文而予以屏弃；兼习文笔之体，洞谙文笔之术，古今虽异，可以一理推，流派虽多，可以一术订也。

② 《汉书·武帝纪》元朔元年诏：“九变复贯，知言之选。”此为逸诗。九，数之多；九变，谓变革之多。贯，事例。知言之选句，讥陆氏非其选。此段言文体之多，后则言文体虽多，皆宜研术。

③ 落落，光明貌。

④ 碌碌，不足称之义。

⑤ 匮，匮乏，枯竭。鲜，xiǎn，少。

⑥ 芜，杂乱。

⑦ 悴，衰弱不振。

⑧ 调钟，见《声律》注。

实难。伶人告和，不必尽窕槬之中；[①]动用挥扇，何必穷初终[②]之韵？魏文比篇章于音乐，盖有征矣。[③]夫不截盘根，无以验利器，不剖文奥[④]，无以辨通才。才之能通，必资晓术，自非圆鉴区域，大判条例，[⑤]岂能控引情源，制胜文苑哉？是以执术驭篇，似善弈之穷数；弃术任心，如博塞之邀遇。[⑥]故博塞之文，借巧傥来，虽前驱有功，而后援难继。少既无以相接，多亦不知所删，乃多少之并惑，何妍蚩之能制乎？若夫善弈之文，则术有恒数；按部整伍，以待情会；因时顺机，动不失正。数逢其极，

---

① 《左传·昭公二十一年》："小者不窕，大者不槬，则和于物，物和则嘉成。"窕，tiǎo，细，窕细不满于心。槬，huà，横大，横大不入于心。

② 初终，犹始终。

③ 魏文帝《典论·论文》："文以气为主，气之清浊有体，不可力强而致。譬诸音乐，曲度虽均，节奏同检，至于引气不齐，巧拙有素，虽在父兄，不能以移其子弟。"此节言时人昧于文字之本原，惟竞辞采，玉石纷杂，不知研术。本书自《神思》以下诸篇，皆为造文之要术，能明其术，则匮芜浅绝等病可免矣。

④ 文奥，深邃之处。

⑤ 圆鉴区域，谓审定体势，如上篇《附会》所论。大判条例，谓举要治繁，如下篇《时序》所论。

⑥ 行棋相塞曰博塞。博，局戏，六箸十二棋，今不得其传。

机入其巧，则义味腾跃而生，辞气丛杂而至。视之则锦绘，听之则丝簧，味之则甘腴，佩之则芬芳。断章之功，于斯盛矣。[①]

夫骥足虽骏，纆牵忌长，以万分一累，且废千里，[②]况文体多术，共相弥纶，[③]一物携贰，莫不解体。所以列在一篇，备总情变，譬三十之辐，共成一毂，[④]虽未足观，亦鄙夫之见也。

赞曰：文场笔苑，有术有门。务先大体，鉴必穷源。乘一总万，举要治繁。思无定契，理有恒存。[⑤]

---

① 锦绘，指辞采。丝簧，指音律。甘腴，指事义。芬芳，指情志。此节极言造文必先明术。总术者，总括《神思》以下诸篇之义，统谓之术。此术为用心造文之正轨，必循此以进，始为有规则之自然。

② 王良之弟子，驾千里马，过造父之弟子，造父之弟子谓其纆牵长，不能千里，故纆牵于事，万分之一也，而难千里之行。见《战国策·韩策三》。纆，mò，绳索。千里之马，系以长索，则为累矣。

③ 弥纶，见《附会》注。情志事义为文之精神，辞采宫商为文之声貌，此四要素，皆有一定之途轨，《神思》以下，论之甚详，故曰"文体多术，共相弥纶"，言不可缺一。

④ 三十辐共一毂，见《老子》第十一章。

⑤ 不知思无定契，即谓文有定格；不知理有恒存，即谓文可妄为。此二语甚要。

# 时序

时运交移，质文代变，古今情理，如可言乎。昔在陶唐，德盛化钧[①]，野老吐何力之谈，[②]郊童含不识之歌。[③]有虞继作，政阜[④]民暇，薰风诗于元后，[⑤]烂云歌于列臣，[⑥]尽其美者何？乃心乐而声泰也。至

---

① 钧，同“均”，同等。

② 尧时百姓无事，有五十之民，击壤于涂，观者曰：“大哉！尧德乎！”击壤者曰：“吾日出而作，日入而息，凿井而饮，耕田而食，尧何等力！”见《论衡·艺增》。《帝王世纪》“击壤歌”，盖据此附会而成。壤以木为之，前广后锐，其形如履，将戏，先侧一壤于地，遥于三四十步以手中壤击之，中者为上部。

③ 尧微服游于康衢，闻儿童歌曰：“立我蒸民，莫匪尔极。不识不知，顺帝之则。”见《列子·仲尼》。

④ 阜，盛大。

⑤ 舜作《南风歌》曰：“南风之薰兮，可以解吾民之愠兮；南风之时兮，可以阜吾民之财兮。”见《孔子家语·辨乐》。

⑥ 舜时，俊乂百工相和而歌《卿云》，帝乃倡之曰：“卿云烂兮，纠缦缦兮。日月光华，旦复旦兮。”八伯咸进曰：“明明上天，烂然星陈。日月光华，弘于一人。”见《尚书大传》。歌，或疑当作“咏”。

大禹敷土，九序咏功；[①]成汤圣敬，猗欤作颂。[②]逮姬文之德盛，周南勤而不怨；[③]大王之化淳，《邠风》乐而不淫。[④]幽厉昏而《板》《荡》怒；[⑤]平王微而《黍离》哀。[⑥]故知歌谣文理，与世推移，风动于上，而波震于下者。

春秋以后，角[⑦]战英雄，《六经》泥蟠，[⑧]百家飙骇。[⑨]方是时也，韩魏力政；[⑩]燕赵任权；《五蠹》六虱，严于秦令；[⑪]唯齐楚两国，颇有文学，齐开庄衢

---

① 敷，分布。九序咏功，见《原道》注。

② 《诗·商颂·长发》：“汤降不迟，圣敬日跻。”言汤下士尊贤甚疾，圣敬之德日进。《诗·商颂·那》：“猗与那与！”猗，叹辞。那，多。

③ 《诗·周南·汝坟》序：“汝坟，道化行也。文王之化，行乎汝坟之国，妇人能闵其君子，犹勉之以正也。”

④ 《诗·豳风·东山》，乐男女得及其时。邠，同“豳”。

⑤ 《诗·大雅·板》，为凡伯刺厉王之诗。《诗·大雅·荡》，召穆公因厉王无道，周室大坏而作。二者皆厉王时诗，文言幽厉，连类及之。

⑥ 《诗·王风·黍离》，周大夫行役，过故宗庙宫室，尽为禾黍，悯周室之颠覆，彷徨不忍去而作。

⑦ 角，竞争。

⑧ 泥蟠，蟠屈于泥涂。班固《答宾戏》：“故夫泥蟠而天飞者，应龙之象也。”

⑨ 飙，暴风。言百家之说盛起。

⑩ 政，同“征”。

⑪ 五蠹，谓学者、言古者、带剑者、患御者、商工之民，此五者为邦之蠹。见《韩非子·五蠹》。农商官三者，为国之常食官。三官者生虱官者六：曰岁、曰食、曰玩、曰好、曰志、曰行。六者有朴必削。见《商子·去强》。

之第，[①]楚广兰台之宫。[②]孟轲宾馆，[③]荀卿宰邑，[④]故稷下扇其清风，[⑤]兰陵郁其茂俗。[⑥]邹子以谈天飞誉，驺奭以雕龙驰响，[⑦]屈平联藻于日月，[⑧]宋玉交彩于风云；[⑨]观其艳说，则笼罩《雅》《颂》。故知晔烨之奇意，出乎纵横之诡俗也。

爰至有汉，运接燔书，高祖尚武，戏儒简学，虽礼律草创，[⑩]《诗》《书》未遑，然《大风》《鸿

---

① 齐自淳于髡以下，皆命曰列大夫，为开第康庄之衢，高门大屋，尊宠之，以示天下诸侯宾客，言齐能致天下贤士。见《史记·孟子荀卿列传》。

② 兰台，地名，在今湖北钟祥市东。楚襄王游兰台之宫，宋玉、景差侍。见宋玉《风赋》。

③ 孟子虽仕齐，居宾师之位，以道见敬，齐王尝欲就其馆而见之。

④ 荀卿在齐，被谗，乃适楚，楚春申君以为兰陵令。

⑤ 稷，齐之城门，或曰山名。齐自驺衍与稷下先生如淳于髡、慎到、环渊、接子、田骈、驺奭之徒，各著书言治乱之事。谓此等学士皆集稷门之下。见《史记·孟子荀卿列传》。

⑥ 兰陵，故城在今山东峄县东。兰陵人以荀卿曾为令故，多善为学。

⑦ 驺衍之术，迂大而闳辩，奭也文具难施，故齐人颂曰："谈天衍，雕龙奭。"见《史记·孟子荀卿列传》。

⑧ 《史记·屈原贾生列传》："……推此志也，虽与日月争光可也。"

⑨ 宋玉有《风赋》《高唐赋》，《高唐赋》中写朝云，故云"风云"。

⑩ 汉初，命叔孙通制礼乐，以正君臣之位；萧何摭拾秦法，取其宜于时者，作律九章。

鹄》之歌，亦天纵之英作也。[①]施及孝惠，[②]迄于文景，经术颇兴，[③]而辞人勿用，贾谊抑而邹枚沉，亦可知已。[④]逮孝武崇儒，润色鸿业，礼乐争辉，辞藻竞鹜，[⑤]柏梁展朝宴之诗，[⑥]金堤制恤民之咏。[⑦]征

① 高祖《大风歌》见《史记·高祖本纪》，其辞曰："大风起兮云飞扬，威加海内兮归故乡，安得猛士兮守四方。"高祖欲废太子，立戚夫人之子如意。东园公、甪里先生、绮里季、夏黄公四隐士从太子，高祖见之，谓戚夫人曰："彼四人辅之，羽翼已成，难动矣！"戚夫人泣。高祖乃作楚歌曰："鸿鹄高飞，一举千里，羽翮已就，横绝四海。横绝四海，当可奈何！虽有矰缴，尚安所施？"见《史记·留侯世家》。

② 施，yì，延及。

③ 文帝时，《论语》《孝经》《孟子》《尔雅》皆置博士，又立韩生《诗》及申生《诗》。景帝又置齐辕固生《诗》及《春秋》胡母生、董仲舒《公羊》博士，故曰"经术颇兴"。

④ 文帝议以贾谊任公卿之位，绛、灌之属尽毁之，帝乃疏而不用，以为长沙王太傅。见《汉书·贾谊传》。邹，邹阳。阳游梁，为梁孝王客，被谗，下狱，阳自狱中上书，孝王乃出之。枚，枚乘。乘久为大国上宾，与英俊并游，不乐为吏。见《汉书·贾邹枚路传》。

⑤ 武帝初立，表章《六经》，兴太学，号令文章，焕焉可述。令严助等与大臣辨论，中外相应以义理之文，大臣数绌。见《汉书·严助传》。

⑥ 武帝作柏梁台，诏群臣二千石有能为七言诗者，乃得上坐，人各一句，句皆用韵；后仿其体都曰柏梁体。见《古文苑》卷八。

⑦ 武帝发卒数万，塞瓠子决河，自临视，悼功之不成，乃作歌，中有"皇谓河公兮何不仁，泛滥不止兮愁吾人"之句。见《汉书·沟洫志》。《汉书·王尊传》："河水盛溢，泛浸瓠子金堤。"

枚乘以蒲轮，[①]申主父以鼎食，[②]擢公孙之对策，[③]叹兒宽之拟奏，[④]买臣负薪而衣锦，[⑤]相如涤器而被绣，[⑥]于是史迁寿王之徒，严终枚皋之属，应对固无方，篇章亦不匮，[⑦]遗风余采，莫与比盛。越昭及宣，实继武绩，驰骋石渠，暇豫文会，[⑧]集雕篆之轶材，发绮

---

① 武帝自为太子，闻枚乘名，及即位，乃以安车蒲轮征之，道卒。见《汉书·枚乘传》。蒲轮，以蒲裹轮，取其安稳。

② 主父，主父偃。偃在朝，大臣畏其口，赂遗累千金，或谓太横，偃曰："丈夫生不五鼎食，死则五鼎烹耳！"见《史记·平津侯主父列传》。

③ 公孙弘对策，先被抑，武帝擢为第一。见《史记·平津侯主父列传》。

④ 兒宽为张汤拟奏，见《附会》注。

⑤ 朱买臣微时，家贫，卖薪给食，后拜会稽太守，武帝谓曰："富贵不归故乡，如衣锦夜行，今子何如？"见《汉书·朱买臣传》。买臣，会稽人。

⑥ 司马相如与卓文君置酒舍，文君当卢，相如着犊鼻裈，与庸保杂作涤器市中。后为中郎将，至蜀，太守以下郊迎，县令负弩矢先驱，蜀人以为宠。见《汉书·司马相如传》。

⑦ 史迁，司马迁。迁以言李陵降匈奴事，下腐刑，因著《史记》。寿王，吾丘寿王。寿王以善格五召待诏，然通《春秋》，后为光禄大夫侍中。严，严安。安以故丞相史上书，被召见，拜郎中。终，终军。军辨博能属文，上书言事，拜谒者给事中。枚皋诙笑类俳倡，为赋颂，好嫚戏，以故得媟黩贵幸。见《汉书·枚皋传》。

⑧ 宣帝时，修武帝故事，讲论六艺群书，始立大小夏侯《尚书》，大小戴《礼记》，施孟、梁丘《易》，穀梁《春秋》，论《六经》于石渠。石渠，阁名。

縠之高喻，[1]于是王褒之伦，底禄待诏。[2]自元暨成，降意图籍，[3]美玉屑[4]之谭，清金马[5]之路，子云锐思于千首，[6]子政雠校于六艺，[7]亦已美矣。爰自汉室，迄至成哀，虽世渐百龄，辞人九变[8]，而大抵所归，祖述楚辞，灵均[9]余影，于是乎在。

自哀平陵替，光武中兴，深怀图谶，颇略文华；然杜笃献诔以免刑，[10]班彪参奏以补令，[11]虽非

---

① 或问扬雄少好赋。雄曰："然。童子雕虫篆刻。"俄而曰："壮夫不为也。"或曰："雾縠之组丽。"曰："女工之蠹矣。"见扬雄《法言·吾子》。

② 宣帝博尽奇异之好，征能为楚辞之九江被公，益召高材刘向、张子侨、华龙等待诏金马门，褒亦与焉。见《汉书·王褒传》。底禄，犹致禄。

③ 元帝好儒，善史书。成帝好经书。

④ 玉屑，喻美文。

⑤ 金马，即金马门，汉学士待诏处。

⑥ 桓谭好文，见扬雄善为赋，欲从之学，雄曰："能读千首赋，则善为之矣。"见桓谭《新论·道赋》。

⑦ 成帝求遗书于天下，诏刘向等校之。

⑧ 九变，言其变革之多，参见《总术》注。

⑨ 灵均，屈原字。

⑩ 大司马吴汉卒，光武诏诸儒诔之，杜笃时系狱，文称最，特赐帛免刑。

⑪ 班彪为窦融画策事汉，光武问融："所上章奏，谁与参之？"融对云："皆从事班彪所为。"乃召拜彪为徐令。见《后汉书·班彪传》。

旁求，亦不遐弃。及明章叠耀，崇爱儒术，肄礼璧堂，[①]讲文虎观，[②]孟坚珥笔于国史，[③]贾逵给札于瑞颂，[④]东平擅其懿文，[⑤]沛王振其《通论》[⑥]帝则藩仪，辉光相照矣。自安和已下，迄至顺桓，则有班傅三崔，王马张蔡，磊落鸿儒，才不时乏，[⑦]而文章之选，存而不论。然中兴之后，群才稍改前辙，华实所附，斟酌经辞；盖历政讲聚，故渐靡儒风者也。降及灵帝，时好辞制，造《羲皇》之书，开鸿都之赋，而乐松之徒，招集浅陋，故杨赐号为驩兜，蔡

① 明帝时，明堂灵台辟雍初成，帝辄引诸弟子升堂执经，自为下说。见《后汉书·桓荣传》。

② 章帝诏诸生诸儒讲议《五经》同异于白虎观，亲临制决。

③ 班固探纂前记，缀辑所闻，以述《汉书》。古史官常插笔冠侧，以备记事，故曰珥笔。

④ 明帝永平时，有神雀集止，贾逵以为胡降之征，帝令兰台给笔札，使作《神雀颂》。见《后汉书·贾逵传》。

⑤ 东平王苍以为天下化平，宜修礼乐，乃与公卿共议定南北郊冠冕车服制度，及光武庙登歌八佾舞数。见《后汉书·东平王苍传》。

⑥ 沛王辅善说京氏《易》《孝经》《论语》传及图谶，作《五经论》，时号曰《沛王通论》。见《后汉书·沛献王辅传》。

⑦ 班，班固。傅，傅毅。三崔，崔骃、崔瑗、崔寔。王，王延寿。马，马融。张，张衡。蔡，蔡邕。

邕比之俳优，[1]其余风遗文，盖蔑如也。

自献帝播迁，文学蓬转。[2]建安之末，区宇方辑，魏武以相王之尊，雅爱诗章；文帝以副君之重，妙善辞赋；陈思以公子之豪，下笔琳琅，并体貌英逸，[3]故俊才云蒸：仲宣委质于汉南，[4]孔璋归命于河北，[5]伟长从宦于青土，[6]公干徇质于海隅，[7]德琏综其斐然之思，[8]元瑜展其翩翩之乐，[9]文蔚休

---

① 灵帝好学，自造《皇羲篇》五十章，因引诸生能为文赋者，本以经学相招，后乃诸为尺牍及工书鸟篆者，皆加引召。侍中祭酒乐松、贾护多引无行之徒，待制鸿都门下。蔡邕上封事，斥其有类俳优。杨赐上书言鸿都门下招集群小，以虫篆小技见宠，如驩兜、共工更相荐说。驩兜、共工，皆列古四凶中。见《后汉书·蔡邕传》《后汉书·杨赐传》。

② 播迁，流离迁徙。献帝为董卓劫迁长安，曹操又迁之于许。文学蓬转，犹言文学士流离失所。

③ 体貌，加礼容而敬之。

④ 仲宣，王粲字。先之荆州依刘表，后归魏武。

⑤ 孔璋，陈琳字。避难冀州，袁绍使典文章，袁败，归魏武。

⑥ 伟长，北海徐干字。为司空军谋祭酒掾属、五官将文学。

⑦ 公干，刘桢字。陈思《与杨德祖书》："公干振藻于海隅。"徇质，未知其说。

⑧ 魏文帝《与吴质书》："德琏常斐然有述作意。"德琏，应玚字。

⑨ 元瑜，阮瑀字。魏文帝《与吴质书》："元瑜书记翩翩，致足乐也。"

伯之俦，[1]子叔德祖之侣，[2]傲雅觞豆之前，雍容衽席之上，洒笔以成酣歌，和墨以借谈笑。观其时文，雅好慷慨[3]，良由世积乱离，风衰俗怨，并志深而笔长，故梗概而多气也。至明帝纂戎，[4]制诗度曲，征篇章之士，置崇文之观，[5]何刘群才，迭相照耀。[6]少主相仍，唯高贵英雅，顾盼合章，动言成论。[7]于时正始余风，篇体轻澹，[8]而嵇阮应缪，并驰文路矣。[9]

逮晋宣始基，景文克构，并迹沉儒雅，而务深

① 文蔚，路粹字。休伯，繁钦字。

② 子叔，邯郸淳字。德祖，杨脩字。

③ 梗概，同“慷慨”。

④ 魏明帝时，屡兴军旅。

⑤ 魏明帝置崇文观，征善文者充之。

⑥ 何，何晏。晏以才秀知名，作《道德论》及诸文章凡数十篇。刘，刘劭。劭作《赵都赋》，明帝称美。劭所撰述《人物志》之类百余篇。见《三国志·曹爽传》《三国志·刘劭传》。

⑦ 高贵，魏高贵乡公曹髦。高贵乡公才慧，好问尚辞；常与诸臣宴会赋诗，故云“顾盼合章”；又论帝王优劣，幸太学，问诸儒经义，故云“动言成论”。

⑧ 正始，高贵前一帝废帝曹芳年号，其时竞尚清谈，如何晏、王弼等所作皆务玄理，称为正始体。

⑨ 嵇，嵇康。阮，阮籍。应，应阳弟璩。缪，缪袭。四人皆以文才见称于时。

方术。[①]至武帝惟新，承平受命，而胶序篇章，弗简皇虑。降及怀愍，缀旒而已。[②]然晋虽不文，人才实盛：茂先[③]摇笔而散珠，太冲[④]动墨而横锦，岳湛曜联璧之华，[⑤]机云标二俊之采，[⑥]应傅三张之徒，[⑦]孙挚成公之属，[⑧]并结藻清英，流韵绮靡。前史以为运涉季世，人未尽才，[⑨]诚哉斯谈，可为叹息！

元皇中兴，披文建学，[⑩]刘刁礼吏而宠荣，[⑪]景纯

---

① 晋宣帝司马懿，其子景帝司马师、文帝司马昭，皆志在篡窃，不暇文事。克构，谓能继成前辈功。

② 怀帝、愍帝，皆为匈奴族刘聪所杀。缀旒，言其为下所执持，东西任意而已。

③ 茂先，张华字。

④ 太冲，左思字。

⑤ 岳，潘岳。湛，夏侯湛。二人皆有盛才，互相友善，京都谓之连璧。

⑥ 陆机与弟陆云，俱自吴入洛，造张华，华甚重之，曰："伐吴之役，利获二俊。"见《晋书·陆机传》。

⑦ 应，应贞。傅，傅玄。三张，张载及弟张协、张亢。

⑧ 孙，孙楚。挚，挚虞。成公，成公绥。

⑨ 晋史作者多家，此所引未知本何家。

⑩ 元帝令远方秀才孝廉到者皆试经。见《晋书·孔坦传》。

⑪ 刘，刘隗。刘隗少有文翰，雅习文史，元帝深器重之，迁丞相司直。刁，刁协。刁协少好经籍，博闻强记，元帝拜为尚书左仆射。二人皆刚严不阿，礼吏，犹云秉礼法之吏。见《晋书·刘隗传》《晋书·刁协传》。

文敏而优擢。[①]逮明帝秉哲，雅好文会，升储御极，孳孳讲艺，练情于诰策，振采于辞赋，[②]庾以笔才逾亲，[③]温以文思益厚，[④]揄扬[⑤]风流，亦彼时之汉武也。及成康促龄，穆哀短祚，[⑥]简文勃兴，渊乎清峻，微言精理，函满玄席，澹思浓采，时洒文囿。[⑦]至孝武不嗣，安恭已矣。[⑧]其文史则有袁殷之曹，[⑨]孙干之辈，[⑩]虽才或浅深，珪璋足用。自中朝贵玄，江左

① 景纯，郭璞字。郭璞博学高才，词赋为中兴之冠，元帝见其《南郊赋》，嘉之，以为著作佐郎。

② 明帝为元帝长子，钦贤爱客，雅好文辞，征任旭、虞喜为博士，是“孳孳讲艺”也；手诏以温峤为中书令，是“练情于诰策”也；曾作《蝉赋》，今残，是“振采于辞赋”也。

③ 庾亮为明穆皇后兄，明帝以为中书监。其让中书一事为时所称，见《章表》篇。

④ 温峤博学能文，明帝即位，拜侍中，诏令文翰悉与焉。

⑤ 揄扬，称引之意。

⑥ 成帝在位十七年，康帝在位二年，穆帝在位七年，哀帝在位三年。

⑦ 简文帝清虚寡欲，尤善玄言，少时即留心典籍。

⑧ 孝武，简文帝第三子，晋祚至此始移。安帝，武帝长子。恭帝，安帝弟，在位二年，为刘裕篡弑。

⑨ 袁宏文章绝美。殷仲文有才藻，善属文。见《晋书·袁宏传》《晋书·殷仲文传》。

⑩ 孙盛笃学不倦，著《晋阳秋》，词直理正，称为良史。干宝博览书记，撰《搜神记》，又为《春秋左氏义外传》，注《易》《周官》。

称盛，因谈余气，流成文体，[①]是以世极迍邅，而辞意夷泰，诗必柱下之旨归，[②]赋乃漆园之义疏。[③]故知文变染乎世情，兴废系乎时序，原始以要终，虽百世可知也。

自宋武爱文，[④]文帝彬雅，[⑤]秉文之德。孝武多才，英采云构。[⑥]自明帝以下，文理替矣。[⑦]尔其缙绅之林，[⑧]霞蔚而飙起；王袁联宗以龙章；[⑨]颜谢重叶以凤采；[⑩]何范张沈之徒，[⑪]亦不可胜也。盖闻之于世，故略举大较。

---

① 自魏正始中，王弼、何晏好庄老玄胜之谈，世遂以此为贵；东晋时期，佛理尤盛，而诗骚之体乃尽。

② 老子在周时，为柱下史。

③ 庄子，曾为蒙漆园吏。

④ 南朝宋武帝好文章，天下以文采相尚。

⑤ 文帝好儒雅，立史学玄学文学，江左风俗称美。

⑥ 孝武帝神明爽发，读书七行俱下，才藻甚美。

⑦ 明帝好读书，爱文义，未即位时，多著述，即位后，才学之士多见引进。明帝后，历后废帝、顺帝而宋亡。

⑧ 缙，同“搢”，插。古之仕宦者垂绅搢笏，故称士大夫曰搢绅。

⑨ 袁，袁淑、袁觊、袁粲、袁炳等。王，王诞、王僧达、王微、王韶之、王准之、王昙生、王素等。二姓多文士，故曰联宗。

⑩ 颜，颜延之及子颜竣、颜测等。谢，谢灵运及从弟谢惠连等。叶，时期。

⑪ 何，何长瑜、何承天。范，范晔。张，张邵。沈，沈怀文。

暨皇齐驭宝，运集休明，太祖以圣武膺箓，[①]世祖[②]以睿文纂业，文帝以贰离含章，[③]中宗以上哲兴运。[④]并文明自天，缉遐景祚。[⑤]今圣历[⑥]方兴，文思光被，海岳降神，才英秀发，驭飞龙于天衢，驾骐骥于万里，经典礼章，跨周轹[⑦]汉，唐虞之文，其鼎盛乎！鸿风懿采，短笔敢陈；扬言赞时，请寄明哲。[⑧]

赞曰：蔚映十代，[⑨]辞采九变。枢中所动，环流[⑩]无倦。质文沿时，崇替在选。终古虽远，旷[⑪]焉如面。

---

① 齐太祖萧道成，博学善属文，受宋禅为帝。箓，图箓，古时帝王自称其受命于天的符命，君主有天下曰膺箓受图。

② 世祖，太祖长子。

③ 文帝，世祖长子，未即位而殁，谥文惠太子，后追尊为文帝。《易·离卦》："明两作离，大人以继明照于四方。"

④ 中宗，未知何帝，明帝号高宗，或"中"为"高"之误。

⑤ 缉，继续。景，大。

⑥ 圣历，指齐和帝时。

⑦ 轹，lì，超越。

⑧ 当代不加论断，以未经论定，且有所回避。

⑨ 十代，唐、虞、夏、商、周、两汉、魏、两晋、宋、齐。

⑩ 物极而反曰环流。

⑪ 旷，明。

# 物色[①]

春秋代序，阴阳惨舒，物色之动，心亦摇焉。盖阳气萌而玄驹步，阴律凝而丹鸟羞，[②]微虫犹或入感，四时之动物深矣。若夫珪璋挺其惠[③]心，英华秀其清气，物色相召，人谁获安。[④]是以献岁发春，悦豫之情畅；[⑤]滔滔[⑥]孟夏，郁陶之心凝；天高气清，

---

① 物色，四时所表现之自然现象；或谓本篇当在《附会》之下，《总术》之上，盖物色犹言声色，即《声律》下诸篇之总名，与《附会》相对而统于《总术》。见范文澜《文心雕龙注》。

② 《大戴礼记·夏小正》："十有二月……玄驹贲。玄驹也者，蚁也。贲者何也？走于地中也……八月……丹鸟羞白鸟。丹鸟也者，谓丹良也。白鸟也者，谓蚊蚋也……羞也者，进也，不尽食也。"丹鸟，萤火虫。

③ 惠，与"慧"通。

④ 锺嵘《诗品》："气之动物，物之感人，故摇荡性情，形诸舞咏。"

⑤ 献岁发春，见《楚辞·招魂》乱辞。献，进。言岁始来进，春气奋扬，万物皆感之而生。

⑥ 滔滔，盛阳貌。

阴沉之志远；霰雪无垠，矜肃[①]之虑深。岁有其物，物有其容。情以物迁，辞以情发。一叶且或迎意，[②]虫声有足引心，况清风与明月同夜，白日与春林共朝哉！

是以诗人感物，联类不穷，流连万象之际，沉吟视听之区，写气图貌，既随物以宛转；属采附声，亦与心而徘徊。故灼灼状桃花之鲜，[③]依依尽杨柳之貌，[④]杲杲为出日之容，[⑤]瀌瀌拟雨雪之状，[⑥]喈喈逐黄鸟之声，[⑦]喓喓学草虫之韵。[⑧]皎日嘒星，一言穷理；[⑨]参差沃若，两字穷形。[⑩]并以少总多，情貌

① 矜肃，犹严肃。

② 《淮南子·说山训》："见一叶落而知岁之将暮。"

③ 《诗·周南·桃夭》："桃之夭夭，灼灼其华。"灼灼，繁盛貌。

④ 《诗·小雅·采薇》："昔我往矣，杨柳依依。"依依，柔弱貌。

⑤ 《诗·卫风·伯兮》："其雨其雨，杲杲日出。"杲杲，明亮貌。

⑥ 《诗·小雅·角弓》："雨雪瀌瀌。"瀌，biāo；瀌瀌，雨雪盛貌。

⑦ 《诗·周南·葛覃》："黄鸟于飞，集于灌木，其鸣喈喈。"喈喈，和声之远闻。

⑧ 《诗·召南·草虫》："喓喓草虫，趯趯阜螽。"喓喓，虫声。

⑨ 《诗·王风·大车》："谓予不信，有如皦日。"皦，白。《诗·召南·小星》："嘒彼小星，维参与昴。"嘒，微貌。

⑩ 《诗·周南·关雎》："参差荇菜，左右流之。"参差，不齐貌。《诗·卫风·氓》："桑之未落，其叶沃若。"沃若，光鲜润泽貌。

无遗矣。虽复思经千载，将何易夺？[①]及《离骚》代兴，触类而长，物貌难尽，故重沓舒状，于是嵯峨之类聚，葳蕤之群积矣。及长卿之徒，诡势瑰[②]声，模山范水，字必鱼贯，[③]所谓诗人丽则而约言，辞人丽淫而繁句也。[④]

至如《雅》咏棠华，或黄或白；[⑤]《骚》述秋兰，绿叶紫茎。[⑥]凡摛表五色，贵在时见；若青黄屡出，则繁而不珍。[⑦]

自近代以来，文贵形似，窥情风景之上，钻貌草木之中。吟咏所发，志惟深远；体物为妙，功在密附。故巧言切状，如印之印泥，不加雕削，而曲写毫芥。故能瞻言而见貌，即字而知时也。[⑧]然物

① 古人形状之词，心领神会，百思而不得移易。

② 瑰，亦诡谲意。

③ 《上林赋》等，其状貌山川，皆连接数十百字，所谓鱼贯是也。

④ 《法言·吾子》："诗人之赋丽以则，辞人之赋丽以淫。"

⑤ 《诗·小雅·裳裳者华》："裳裳者华，或黄或白。"裳裳，犹"堂堂"，光明貌。

⑥ 《楚辞·九歌》："秋兰兮青青，绿叶兮紫茎。"

⑦ 此言五色之字，不可多见。

⑧ 《明诗》篇云："宋初文咏，体有因革，庄老告退，而山水方滋……情必极貌以写物，辞必穷力而追新。"

有恒姿，而思无定检，或率尔造极，或精思愈疏。且《诗》《骚》所标，并据要害；故后进锐笔，怯于争锋。莫不因方以借巧，即势以会奇；善于适要，则虽旧弥新矣。是以四序纷回，而入兴贵闲；物色虽繁，而析辞尚简，[①]使味飘飘而轻举，情晔晔而更新。古来辞人，异代接武，莫不参伍以相变，因革以为功，物色尽而情有余者，晓会通也。若乃山林皋壤，实文思之奥府，略语则阙，详说则繁。然屈平所以能洞监《风》《骚》之情者，抑亦江山之助乎。[②]

赞曰：山沓[③]水匝，树杂云合。目既往还，心亦吐纳。春日迟迟，秋风飒飒[④]。情往似赠，兴来如答。

---

① 佳句流传，常在有意无意之中，偶得一二语，无累牍连篇苦心力造之事。见纪昀《评文心雕龙》。

② 能文者萃天地之清气，借诸墨以抒写，凝会不散，故以风月花鸟为性情，景与意两不分离。拙者不能以风月花鸟为性情，虽极意雕饰，无关也。

③ 沓，重叠。

④ 飒飒，秋风声。

# 才略[1]

九代之文，富矣盛矣，[2]其辞令华采，可略而详也。虞夏文章，则有皋陶六德，[3]夔序八音，[4]益则有赞，[5]五子作歌，[6]辞义温雅，万代之仪表也。商周之世，则仲虺垂诰，[7]伊尹敷训，[8]吉甫之徒，并述诗

① 《时序》总论其世，《才略》各论其人。
② 虞、夏、商、西周、春秋战国、两汉、魏、晋、宋为九代。
③ 《尚书·皋陶谟》："日严祗敬六德，亮采有邦。"六德，知、仁、圣、义、忠、和。
④ 《尚书·舜典》："八音克谐，无相夺伦。"八音，金、石、丝、竹、匏、土、革、木。金，钟。石，磬。丝，琴瑟。竹，箫管。匏，笙竽。土，埙。革，鼓。木，柷敔。
⑤ 《尚书·大禹谟》有益赞禹之辞。赞，辅佐。
⑥ 《尚书》有《五子之歌》。
⑦ 汤归自夏，至于大坰，仲虺作诰，诰辞见《尚书·仲虺之诰》。
⑧ 成汤既殁，太甲即位，伊尹作《伊训》，训辞载《尚书·伊训》。

颂，[①]义固为经，文亦师矣。及乎春秋大夫，则修辞聘会，磊落如琅玕之圃，[②]焜耀似缛锦之肆。薳敖择楚国之令典，[③]随会讲晋国之礼法，[④]赵衰以文胜从飨，[⑤]国侨以修辞扞郑，[⑥]子太叔美秀而文，公孙挥善于辞令，[⑦]皆文名之标者也。

战代任武，而文士不绝：诸子以道术取资，屈宋以楚辞发采，乐毅报书辨以义，[⑧]范雎上疏密而至，[⑨]苏秦历说壮而中，[⑩]李斯自奏丽而动，[⑪]若在文

---

① 《诗·大雅》中的《崧高》《烝民》《韩奕》《江汉》，皆尹吉甫美宣王而作。

② 琅玕，石而似玉者。

③ 晋随会曰："芳敖为宰，择楚国之令典，百官象物而动，军政不戒而备，能用典矣。"见《左传·宣公十二年》。

④ 晋随会平王室，定王享之，归而讲求典礼，以修晋国之法。见《左传·宣公十六年》。

⑤ 秦穆公享公子重耳，舅犯请使赵衰从，言不如衰之文。见《左传·僖公二十三年》。

⑥ 郑弱，国侨（子产）秉政，以文辞与诸大国折冲，郑国以固。见《左传·襄公二十五年》。

⑦ 子太叔美秀而文，公孙挥能知四国之为，而辨于其大夫之族姓、班位、贵贱、能否，而又善为辞令。见《左传·襄公三十一年》。

⑧ 乐毅为燕昭王攻齐，下七十余城，唯三城未下，而昭王殁。惠王即位，信齐反间，疑乐毅，毅奔赵，赵封为望诸君。燕王悔，使人让毅，且谢之，毅以书报。见《战国策·燕策一》。

⑨ 范雎上书秦昭王。见《战国策·秦策三》。

⑩ 苏秦游说燕赵，合纵拒秦。见《战国策·秦策三》。

⑪ 李斯谏逐客，见《史记·李斯列传》。

世，则扬班俦矣。荀况学宗，而象物名赋，[①]文质相称，固巨儒之情也。

汉室陆贾，首发奇采，赋《孟春》而进典诰，其辩之富矣。[②]贾谊才颖，陵轶飞兔，议惬而赋清，岂虚至哉！[③]枚乘之《七发》，[④]邹阳之上书，[⑤]膏润于笔，气形于言矣。仲舒专儒，子长纯史，而丽缛成文，亦诗人之告哀焉。[⑥]相如好书，[⑦]师范屈宋，洞入夸艳，致名辞宗；然覆[⑧]取精意，理不胜辞，故扬子以为"文丽用寡者长卿"，诚哉是言也。[⑨]王褒构采，以密巧为致，[⑩]附声测貌，泠然[⑪]可观。子云属意，辞义最深，观其涯度幽远，搜选诡

① 荀况有《云》《蚕》《箴》等赋。见《荀子·赋篇》。

② 《汉书·艺文志》载陆贾有赋三篇，今无考。

③ 贾谊年最少，当时才最高。飞兔，骏马名。

④ 枚乘写楚太子有疾，吴客用七事启发他，故称《七发》。

⑤ 邹阳上书，见《时序》注。

⑥ 董仲舒有《士不遇赋》，司马迁，字子长，有《悲士不遇赋》。《诗·小雅·四月》："君子作歌，维以告哀。"告哀，劳病而诉之。

⑦ 司马相如少时好读书。

⑧ 覆，一说疑作"覈"，考核之义。

⑨ 扬雄《法言·吾子》："文丽用寡，长卿也。"

⑩ 骈俪之文，开端于王褒《圣主得贤臣颂》，故曰以密巧为致。

⑪ 泠然，轻妙貌，见《庄子·逍遥游》。

丽，[①]而竭才以钻思，故能理赡而辞坚矣。桓谭著论，富号猗顿；[②]宋弘称荐，爰比相如。[③]而集灵诸赋，偏浅无才，[④]故知长于讽论，不及丽文也。敬通雅好辞说，而坎壈盛世，《显志》自序，亦蚌病成珠矣。[⑤]二班两刘，弈叶继采，旧说以为固文优彪，歆学精向。然《王命》清辩，《新序》该练，璇璧产于昆冈，亦难得而逾本矣。[⑥]傅毅崔骃，光采比肩；瑗实踵武，能世厥风者矣。[⑦]杜笃贾逵，亦有声于文，[⑧]迹其为才，崔傅之末流也。李尤赋铭，志

① 扬雄多知奇字，亦所谓搜选诡丽。搜选诡丽为辞深，涯度幽远为义深。

② 《论衡·佚文》："挟桓君山之书，富于积猗顿之财。"猗顿，春秋鲁人，用盐起家，大畜牛羊，十年间富拟王公。

③ 光武问宋弘以通博之士，弘荐桓谭才学洽闻，几能及扬雄、刘向父子。见《后汉书·宋弘传》。文云比相如，恐误。

④ 桓谭《仙赋》序言少时为郎，从成帝出祠甘泉河东，居华阴集灵宫，宫在华山下，武帝所造，因乐高眇之志，书壁为小赋以颂美云。

⑤ 冯衍，字敬通。作赋自励，命其篇曰《显志》。坎壈，厄塞不得志。《淮南子·说林训》："明月之珠，蚌之病而我之利也。"

⑥ 班彪著《王命论》。《新序》，刘向采传记行事以著，向有《说苑》。

⑦ 傅毅，博学能文，文雅显朝廷。崔骃，博学有伟才，尽通百家之言，善属文。骃子瑗，能尽传父业。瑗子寔，沉静好典籍，明政体，作《政论》。

⑧ 杜笃列《后汉书·文苑传》，著赋诔等十八篇，又著《明世论》十五篇。贾逵著经传义诂及论难百余万言，及诗颂等，后世称为通儒，《后汉书》有传。

慕鸿裁，而才力沉膇，垂翼不飞。[①]马融鸿儒，思洽识高，吐纳经范，华实相扶。[②]王逸博识有功，而绚采无力；[③]延寿继志，瑰颖独标，其善图物写貌，岂枚乘之遗术欤！[④]张衡通赡，蔡邕精雅，文史彬彬；[⑤]隔世相望，是则竹柏异心而同贞，金玉殊质而皆宝也。刘向之奏议，旨切而调缓；[⑥]赵壹之辞赋，意繁而体疏。[⑦]孔融气盛于为笔，祢衡思锐于为文，[⑧]有偏美焉。潘勖凭经以骋才，故绝群于锡命；[⑨]王朗发愤以托志，亦致美于序铭。[⑩]然自卿渊已前，[⑪]多俊才而不课学；雄向以后，颇引书以助

---

① 李尤在和帝时，为兰台令史，有《函谷》等赋，《车》等铭。沉膇，重滞。《易·明夷》："初九，明夷于飞，垂其翼。"

② 马融才高博洽，为世通儒，著赋颂碑诔等二十一篇。

③ 王逸著《楚辞章句》，赋诔书论等二十一篇，汉诗百二十三篇。绚，文饰。

④ 王逸子延寿，有俊才，少游鲁国，作《灵光殿赋》。

⑤ 蔡邕在东观，与卢植、韩说等撰补《后汉记》，遭乱不及得成。

⑥ 刘向奏议，言多痛切，出于至诚。

⑦ 赵壹《后汉书》列入《文苑》，传载其《穷鸟赋》，赋末系诗二首，体不致密。

⑧ 祢衡作《鹦鹉赋》，文无加点，辞采甚丽，故言其思锐于为文。

⑨ 潘勖作《册魏公九锡文》。

⑩ 王朗奏议论记，多传世，序铭未详。

⑪ 卿，司马相如字长卿。渊，王褒字子渊。

文。此取与之大际，其分不可乱者也。[①]

魏文之才，洋洋清绮，旧谈抑之，谓去植千里。然子建思捷而才俊，诗丽而表逸；子桓虑详而力缓，故不竞于先鸣，而乐府清越，《典论》辩要，迭用短长，亦无懵焉；但俗情抑扬，雷同一响，遂令文帝以位尊减才，思王以势窘益价，未为笃论也。仲宣溢才，捷而能密，文多兼善，辞少瑕累，摘其诗赋，则七子之冠冕乎。琳瑀以符檄擅声，徐干以赋论标美；刘桢情高以会采，应玚学优以得文。路粹杨脩，颇怀笔记之工；丁仪邯郸，亦含论述之美，[②]有足算焉。刘劭《赵都》，能攀于前修；[③]何晏《景福》，克光于后进。[④]休琏风情，则《百壹》标其志；[⑤]吉甫文理，则《临丹》成其采。[⑥]嵇康师心以遣论，[⑦]阮籍使气以命诗，[⑧]殊声而合响，异翮而

---

① 参阅《事类》扬雄《百官箴》下数语。

② 魏武与丁仪论议，嘉其才朗；邯郸淳博学有文章。

③ 刘劭《赵都赋》，见《事类》注。

④ 魏明帝于许昌作景福殿，何景作赋。

⑤ 应璩作《百一诗》，取百虑一失之义。

⑥ 吉甫，应贞字。贞有《临丹赋》。

⑦ 嵇康在魏晋中，作论最多，有《养生论》《声无哀乐论》等。

⑧ 阮籍志气弘放，任性不羁，作《咏怀诗》八十余首，为时所重。

同飞。

张华短章，奕奕清畅，其《鷦鷯》寓意，即韩非之《说难》也。[①]左思奇才，业深覃思，尽锐于《三都》，拔萃于《咏史》，无遗力矣。[②]潘岳敏给，辞自和畅，钟美于《西征》，贾余于哀诔，非自外也。[③]陆机才欲窥深，辞务索广，故思能入巧，而不制繁。士龙朗练，以识检乱，故能布采鲜净，敏于短篇。孙楚缀思，每直置以疏通；[④]挚虞述怀，必循规以温雅，[⑤]其品藻流别，有条理焉。[⑥]傅玄篇章，义多规镜；[⑦]长虞笔奏，世执刚中；[⑧]并桢干之实才，

---

① 张华少好文义，博览坟典，所作不烦长，为太常博士，转兼中书郎，虽居高职，慨然有感，因作《鷦鷯赋》。鷦鷯，小鸟。

② 左思作《三都赋》，构思十年乃成，又作《咏史》八首。

③ 潘岳家在巩县东，为长安令，作赋故曰西征，因行役之感，历论所经人物山水。岳长于哀诔。非自外，言其才非自外而至。

④ 孙楚才藻卓绝，遗孙皓书，指陈利害，深切著明，所谓疏通。使者持书到吴，不敢为通，所谓直置。

⑤ 挚虞有《思游赋》，赋序言信天任命之不可违，延福速祸之所由。循规温雅即指此赋言。

⑥ 挚虞撰《文章志》，又撰古文章，类聚区分为三十卷，名曰《流别集》，各为之论，当世重之。

⑦ 傅玄刚劲亮直，不能容人之短。

⑧ 傅玄子咸，字长虞，刚简有大节，疾恶如仇，推贤乐善，好属文论，绮丽不足，言成规鉴。《易·蒙卦》："以刚中也。"

非群华之韡萼也。成公子安，选赋而时美；[①]夏侯孝若，具体而皆微。[②]曹摅清靡于长篇，[③]季鹰辨切于短韵，[④]各其善也。孟阳景阳，才绮而相埒，可谓鲁卫之政，兄弟之文也。[⑤]刘琨雅壮而多风，卢谌情发而理昭，亦遇之于时势也。[⑥]景纯艳逸，足冠中兴，《郊赋》既穆穆以大观，《仙诗》亦飘飘而凌云矣。[⑦]庾元规之表奏，靡密以闲畅；[⑧]温太真之笔记，循理而清通，[⑨]亦笔端之良工也。孙盛干宝，文胜为史，准的所拟，志乎典训，户牖虽异，而笔彩略

---

① 成公绥，字子安，少有俊才，词赋甚丽。

② 夏侯湛，字孝若，文章巧思，《诗》之亡者，湛为补之。有《昆弟诰》，纯模《尚书》。

③ 曹摅多四言长篇诗。

④ 张翰，字季鹰，文藻新丽。

⑤ 张载，字孟阳，弟协，字景阳，文名并盛。《论语·子路》："鲁卫之政，兄弟也。"

⑥ 刘琨为段匹磾所拘，自知必死，神色怡如，为诗赠卢谌以激之，托意非常，抒写幽愤。卢谌清敏有思理，善属文，曾上表理刘琨。

⑦ 郭璞，字景纯，博学有高才，辞赋为中兴冠，尝为《南郊赋》及《游仙诗》，诗辞无俗累。

⑧ 庾亮表奏，见《时序》注。

⑨ 温峤，字太真，见《时序》注。

同。[1]袁宏发轸以高骧，故卓出而多偏；[2]孙绰规旋以矩步，故伦序而寡状。[3]殷仲文之《孤兴》，谢叔源之《闲情》，[4]并解散辞体，缥缈浮音，虽滔滔风流，而大浇文意。

宋代逸才，辞翰鳞萃，世近易明，无劳甄序。[5]

观夫后汉才林，可参西京[6]，晋世文苑，足俪邺都[7]，然而魏时话言，必以元封[8]为称首，宋来美谈，亦以建安[9]为口实。何也？岂非崇文之盛世，招才之嘉会哉！嗟夫，此古人所以贵乎时也！[10]

---

① 孙盛、干宝，见《时序》注。

② 袁宏，见《时序》注。轸，合舆下三面之材，及车后横木言。骧，马昂首疾行。

③ 孙绰《游天台山赋》，多用佛老语，不甚状貌山水，与汉赋颇不同。

④ 殷仲文《孤兴》，谢混《闲情》，皆未详。

⑤ 甄序，甄别序列之意。宋代不详，亦犹《时序》必论当代意。

⑥ 西京，指前汉。

⑦ 邺都，指魏。

⑧ 元封，汉武帝年号。

⑨ 建安，后汉献帝年号。

⑩ 《论衡·案书》：“夫古今一也，才有高下，言有是非，不论善恶而徒贵古，是谓古人贤今人也。……才有浅深，无有古今，文有伪真，而无故新。”彦和意同此。

赞曰：才难然乎，[1]性各异禀。一朝综[2]文，千年凝锦。余采徘徊，遗风籍甚[3]。无曰纷杂，皎然[4]可品。

---

① 《论语·泰伯》："才难，不其然乎？"

② 综，总聚。

③ 籍甚，著名。

④ 皎然，明白。

# 知音

知音其难哉！音实难知，知实难逢，逢其知音，千载其一乎！夫古来知音，多贱同而思古，所谓日进前而不御，遥闻声而相思也。[①]昔《储说》始出，《子虚》初成，秦皇汉武，恨不同时；既同时矣，则韩囚而马轻，岂不明鉴同时之贱哉！[②]至于班固傅毅，文在伯仲，而固嗤毅云："下笔不能自休。"[③]及陈思论才，亦深排孔璋；敬礼请润色，叹

① "日进前"二语见《鬼谷子·内揵》。

② 韩非作《孤愤》《五蠹》《内外储》《说难》等十余万言，秦王见之，言：得见其人，虽死不恨。因急攻韩，韩乃使非入秦。李斯等害之，下之狱，令自杀。见《史记·老子韩非列传》。司马相如作《子虚赋》，武帝读而善之，恨不得与之同时。狗监杨得意与相如同邑，因言相如为此赋。帝惊，召以为郎。见《汉书·司马相如传》。

③ 固与弟超书有此语，《典论·论文》所引。

以为美谈；季绪好诋诃，方之于田巴，意亦见矣。[①]故魏文称文人相轻，非虚谈也。[②]至如君卿唇舌，[③]而谬欲论文，乃称史迁著书，咨东方朔，于是桓谭之徒，相顾嗤笑，彼实博徒，轻言负诮；况乎文士，可妄谈哉！故鉴照洞明，而贵古贱今者，二主是也。才实鸿懿，而崇己抑人者，班曹是也。学不逮文，而信伪迷真者，楼护是也。酱瓿之议，岂多叹哉！[④]

夫麟凤与麏雉悬绝，珠玉与砾石超殊，白日垂其照，青眸写其形；然鲁臣以麟为麏，[⑤]楚人以雉为

---

① 此皆曹植与杨脩书中语。敬礼，丁廙字。廙为文，使植润色。植辞不为。廙谓植曰："卿何所疑难？文之佳恶，吾自知之；后世谁相知，定吾文者邪？"植叹其言达，以为美谈。季绪，刘表子脩字。脩好诋诃文章，植以田巴比之。田巴，战国齐人，议于稷下，毁五帝，罪三王，一旦而服千人，鲁连一说，使终身杜口。见曹植《与杨德祖书》。

② 曹丕《典论·论文》："文人相轻，自古而然。"

③ 楼护，字君卿，学经，为王氏上客，时称"楼君卿唇舌"，言其见信用。见《汉书·游侠传》。

④ 扬雄著《太玄》，刘歆叹其自苦，言：恐后人用覆酱瓿。见《汉书·扬雄传赞》。

⑤ 鲁哀公十四年，西狩获麟，有告孔子曰："有麕而角者。"见《公羊传·哀公十四年》。麏，jūn，同"麕"，似鹿而小。

凤，[1]魏氏以夜光为怪石，[2]宋客以燕砾为宝珠。[3]形器易征，谬乃若是；文情难鉴，谁曰易分！

夫篇章杂沓，质文交加，知多偏好，人莫圆该。慷慨者逆声而击节，酝藉者见密而高蹈，浮慧者观绮而跃心，爱奇者闻诡而惊听。会己则嗟讽，异我则沮弃，各执一隅之解，欲拟万端之变，所谓东向而望不见西墙也。[4]

凡操千曲而后晓声，观千剑而后识器，故圆照之象，务先博观。阅乔岳以形培塿[5]，酌沧波以喻畎浍，[6]无私于轻重，不偏于憎爱，然后能平理若衡[7]，照辞如镜矣。是以将阅文情，先标六观：一观位体；二观置辞；三观通变；四观奇正；五观事义；

---

① 楚有担山雉者，欺人为凤，人买而献之楚王。见《尹文子 · 大道》。

② 魏田父得玉径尺，邻人绐为怪石。归置庑下，明照一室，怪而弃之野。见《尹文子 · 大道》。

③ 宋之愚人得燕石，以为大宝。周客观之，掩口曰："此特燕石也，与瓦甓不殊。"见《阙子》。

④《淮南子 · 泛论训》："东面而望，不见西墙；南面而视，不睹北方。"

⑤ 培塿，小山。

⑥ 畎浍，quǎnkuài，田间水沟。

⑦ 衡，称物轻重之器。

六观宫商。[1]斯术既形，则优劣见矣。

夫缀文者情动而辞发；观文者披文以入情，沿波讨源，虽幽必显。世远莫见其面，觇文辄见其心，岂成篇之足深？患识照之自浅耳。夫志在山水，琴表其情；[2]况形之笔端，理将焉匿？故心之照理，譬目之照形；目了则形无不分，心敏则理无不达。然而俗监之迷者，深废浅售，此庄周所以笑《折杨》，[3]宋玉所以伤《白雪》也。[4]昔屈平有言："文质疏内，众不知余之异采。"[5]见异唯知音耳。扬雄自称："心好沉博绝丽之文。"[6]不事浮浅，亦可

---

① 第一观，《体性》等篇论之。第二观，《丽辞》等篇论之。第三观，《通变》等篇论之。第四观，《定势》等篇论之。第五观，《事类》等篇论之。第六观，《声律》等篇论之。见范文澜《文心雕龙注》。

② 伯牙鼓琴，志在泰山。锺子期听之曰："善哉乎鼓琴，巍巍若泰山！"少选之间，志在流水。子期又曰："善哉乎鼓琴，汤汤若流水！"锺子期死，伯牙终身不复鼓琴，见《吕氏春秋·本味》。

③ 《庄子·天地》："大声不入于里耳，《折杨》《皇荂》则嗑然而笑。"大声，指《咸池》《六英》等古乐。《折杨》《皇荂》，皆古歌曲。言俗人得啧曲则同声动笑也。

④ 客歌郢中，其始为《下里巴人》，国中和者数千人；为《阳春白雪》，和者才数十人。是以曲弥高而和弥寡。见宋玉《对楚王问》。

⑤ 《楚辞·九章》语。

⑥ 扬雄《与刘歆书》中语，见《事类》注。《老子》："众人熙熙，如登春台。"

知矣。夫唯深识鉴奥，必欢然内怿，譬春台之熙众人，乐饵之止过客。[①]盖闻兰为国香，服媚弥芬；[②]书亦国华，玩泽[③]方美。知音君子，其垂意焉！

赞曰：洪钟万钧，夔旷所定。[④]良书盈箧，妙鉴乃订。流郑淫人，[⑤]无或失听。独有此律，不谬蹊经。

---

① 《老子》第三十五章："乐与饵，过客止。"言乐与饵则能令过客止。

② 《左传·宣公三年》："以兰为国香，人服媚之。"

③ 泽，一说当作"绎"。

④ 言万钧之洪钟，乃识音之夔与师旷所定。

⑤ 《论语·卫灵公》："郑声淫。"

# 程器

《周书》论士，方之梓材，盖贵器用而兼文采也。是以朴斫成而丹雘施，垣墉立而雕杇附。[①]而近代辞人，务华弃实，故魏文以为："古今文人，类不护细行。"[②]韦诞所评，又历诋群才，[③]后人雷同，混之一贯，吁可悲矣！

略观文士之疵：相如窃妻而受金；[④]扬雄嗜酒

① 《尚书·梓材》："若作室家，既勤垣墉，惟其涂塈茨；若作梓材，既勤朴斫，惟其涂丹雘。"言为政如梓人治材为器，已劳力朴治斫削，惟当涂以漆，丹以朱而后成，以喻教化须礼义始治。《尚书·五子之歌》："峻宇雕墙。"杇，涂饰、粉刷。

② 魏文帝《与吴质书》中语。

③ 韦诞谓：仲宣伤于肥戆，休伯都无格检，元瑜病于体弱，孔璋实自粗疏，文蔚性颇忿鸷。见《三国志·王粲传》注。

④ 司马相如以琴心挑卓王孙女文君，文君夜奔相如。见《汉书·司马相如传》。相如使蜀，有人上书言其受金，因失官。亦见《汉书·司马相如传》。

而少算；[1]敬通之不循廉隅；[2]杜笃之请求无厌；[3]班固谄窦以作威；[4]马融党梁而黩货；[5]文举傲诞以速诛；[6]正平狂憨以致戮；[7]仲宣轻脆以躁竞；孔璋偬恫以粗疏；[8]丁仪贪婪以乞货；路粹餔啜而无耻；[9]潘岳诡祷于愍怀；[10]陆机倾仄于贾郭；[11]傅玄刚隘而詈台；[12]孙

---

① 扬雄素贫，而嗜酒，家产不过十金，乏无儋石之储，晏如也。见《汉书·扬雄传》。

② 冯衍娶北地女任氏为妻，老竟逐之。见《后汉书·冯衍传》。

③ 杜笃居美阳，与美阳令游，数从请托不谐，颇相恨。见《后汉书·杜笃传》。

④ 班固为大将军窦宪参议，宪败，固先坐免官，固不教学诸子，诸子多不遵法度，吏人苦之。见《后汉书·班固传》。

⑤ 马融为梁冀草奏李固又作大将军《西第颂》，以此颇为正直所羞。见《汉书·马融传》。为南郡太守，受主计掾钱数十万。见惠栋《后汉书训纂》引《三辅决录注》。

⑥ 曹操表制酒禁，孔融以书争之，辞多侮慢。既见操雄诈渐著，数不能堪，发言偏宕，多致乖忤，遂为操所杀。见《后汉书·孔融传》。

⑦ 祢衡有才辨，刚傲慢物，不为曹操所容；送刘表，表亦不能容；送黄祖，卒为祖所杀。见《后汉书·祢衡传》。

⑧ 王粲躁锐，陈琳粗疏。见《三国志·王粲传》《三国志·陈琳传》。偬恫，匆遽之义。

⑨ 丁路事未详。

⑩ 晋惠帝后贾氏欲废太子，逼太子饮而醉之，使潘岳作书草，如太子素意，因太子醉，令依而写之。后遂呈帝，废太子，旋杀之，后谥愍怀。见《晋书·愍怀太子传》。祷，诡诈。

⑪ 贾后，贾充女，贾后从舅郭彰，与充相亲，共专朝政，时人谓之贾郭。陆机好游权门，与贾谧亲善，以此获讥。见《晋书·陆机传》。

⑫ 傅玄性峻急，不能有所容，转司隶校尉，谒者制其位在卿下，玄恚怒，责谒者，谒者妄称尚书所处，玄对百僚骂尚书以下，以不敬免。见《晋书·傅玄传》。

楚狠愎而讼府；[①]诸有此类，并文士之瑕累。文既有之，武亦宜然。古之将相，疵咎实多；至如管仲之盗窃；[②]吴起之贪淫；[③]陈平之污点；绛灌之谗嫉；[④]沿兹以下，不可胜数。孔光负衡据鼎，而仄媚董贤；[⑤]况班马之贱职，[⑥]潘岳之下位哉！王戎开国上秩，而鬻官嚣俗；[⑦]况马杜之磬悬，[⑧]丁路之贫薄哉！然子夏无亏于名儒，濬冲不尘乎竹林者，名崇而讥减也。[⑨]若夫屈贾之忠贞，邹枚之机觉，[⑩]黄香之淳孝，[⑪]徐干

---

① 孙楚参石苞军事，与苞有隙。苞奏其讪毁时政，楚亦抗表自理。详《晋书·孙楚传》。

② 管仲故成阴之狗盗。见《说苑·尊贤》。

③ 吴起贪而好色。见《史记·孙子吴起列传》。

④ 绛侯灌婴等谗陈平，言其家居盗嫂，受诸将金，见《史记·陈丞相世家》。绛灌等又害贾谊。见《史记·屈原贾生列传》。

⑤ 负衡据鼎，指处丞相位。孔光为御史大夫时，哀帝宠董贤，以为大司马，光遂谄事之。见《汉书·董贤传》。

⑥ 班，班固。马，马融。

⑦ 王戎以平吴功封侯，以受赂为司隶所弹，帝不问。见《晋书·王戎传》。

⑧ 马，司马相如。杜，杜笃。《国语·鲁语上》："室如悬磬。"言器中空，喻家贫无所有。

⑨ 子夏，孔光字。光为孔子后，时尊为名儒。濬冲，王戎字。戎与阮籍、嵇康、山涛、向秀、阮咸、刘伶为竹林之游，称“竹林七贤”。

⑩ 吴王濞有阴谋，邹阳谏，不听。阳与枚乘等知吴不可说，皆去之梁。见《汉书·邹阳传》。

⑪ 黄香年九岁失母，思慕憔悴，人称至孝。见《后汉书·黄香传》。

之沉默，[1]岂曰文士必其玷欤！

盖人禀五材，[2]修短殊用，自非上哲，难以求备。然将相以位隆特达，文士以职卑多诮，此江河所以腾涌，涓流所以寸折者也。名之抑扬，既其然矣；位之通塞，亦有以焉。盖士之登庸，以成务为用，[3]鲁之敬姜，妇人之聪明耳，然推其机综，以方治国。[4]安有丈夫学文，而不达于政事哉！彼扬马之徒，有文无质，所以终乎下位也。昔庾元规才华清英，勋庸有声，故文艺不称；若非台岳，则正以文才也。文武之术，左右惟宜，郤縠敦书，故举为元帅。[5]岂以好文而不练武哉！孙武兵经，辞如珠玉，[6]岂以习武而不晓文也！

---

① 徐干清玄体道，不耽世荣。见《三国志·王粲传》注。

② 《汉书·刑法志》："怀五常之性。"五材，即五常，仁义礼智信。

③ 登庸，被举进用。成务，成天下之务。

④ 公父文伯相鲁，母敬姜方织，谓之曰："治国之要，尽在经矣。夫幅者，所以正曲枉也，不可不强，故幅可以为将。画者，所以均不均，服不服也，故画可以为正。推而往，引而来者，综也，综可以为閞内之师。"见《列女传·鲁季敬姜》。閞，biàn，柱上方木。

⑤ 晋侯作三军，谋元帅。赵衰曰："郤縠可。臣亟闻其言矣，说礼乐而敦《诗》《书》。"见《左传·僖公二十七年》。敦，厚。

⑥ 孙武有《孙子兵法》三卷。

是以君子藏器，待时而动，发挥事业，固宜蓄素以弸中，散采以彪外，[①]楩楠其质，豫章[②]其干，摛文必在纬军国，负重必在任栋梁，穷则独善以垂文，达则奉时以骋绩，若此文人，应梓材之士矣。

赞曰：瞻彼前修，有懿文德。声昭楚南，[③]采动梁北。[④]雕而不器，贞干谁则。岂无华身，亦有光国。

---

① 弸中彪外，见《法言·君子》。弸，充满。彪，文彩。言积行内满，文辞外发。

② 豫章，大木。

③ 指屈原、贾谊。

④ 指邹阳、枚乘。

# 序志[1]

夫文心者，言为文之用心也。昔涓子《琴心》，[2]王孙《巧心》，[3]心哉美矣，故用之焉。古来文章，以雕缛成体，岂取驺奭之群言雕龙也！[4]夫宇宙绵邈，黎献纷杂，[5]拔萃出类，智术而已。岁月飘忽，性灵不居，腾声飞实，制作而已。夫人肖貌天地，禀性五才，拟耳目于日月，方声气乎风雷，其超出

---

① 此全书之总序。古人之序皆在后，如《史记·太史公自序》《汉书·叙传》。

② 涓子，疑即战国齐之环渊。环，一作蠉，一作蜎，声类并同。言黄老道德之术，曾著书上下篇，《琴心》盖其所著书之名。

③《汉书·艺文志》有儒家《王孙子》一篇，一曰《巧心》。

④《史记·孟子荀卿列传》："雕龙奭。"言齐人驺奭修饰之文，若雕镂龙文。

⑤《尚书·皋陶谟》："万邦黎献。"黎献，谓众贤。

万物，亦已灵矣。[①]形同草木之脆，名逾金石之坚，是以君子处世，树德建言，岂好辩哉？不得已也。

予生七龄，乃梦彩云若锦，则攀而采之；齿在逾立，[②]则尝夜梦执丹漆之礼器，[③]随仲尼而南行，旦而寤，乃怡然而喜。大哉圣人之难见也，乃小子之垂梦欤！自生人以来，未有如夫子者也。敷赞圣旨，莫若注经；而马郑诸儒，宏之已精，[④]就有深解，未足立家。唯文章之用，实经典枝条，五礼[⑤]资之以成，六典因之致用。[⑥]君臣所以炳焕，军国所以昭明，详其本源，莫非经典。而去圣久远，文

① 《汉书·刑法志》："夫人宵天地之貌，怀五常之性，聪明精粹，有生之最灵者也。"宵，义与"肖"同。《春秋繁露·人副天数》："耳目戾戾，象日月也；鼻口呼吸，象风气也。"

② 三十而立，逾立，过三十岁。

③ 丹漆之礼器，盖祭器，笾豆之属。

④ 马融注《孝经》《论语》《尚书》《诗》《易》《周礼》《仪礼》《礼记》等，著《三传异同说》。郑玄有《毛诗笺》《周礼注》《仪礼注》《礼记注》等。

⑤ 五礼，吉凶军宾嘉。

⑥ 周太宰之职，掌建邦六典，一曰治典，二曰教典，三曰礼典，四曰政典，五曰刑典，六曰事典。见《周礼·大宰》。

体解散；辞人爱奇，言贵浮诡，饰羽尚画，[①]文绣鞶帨，[②]离本弥甚，将遂讹滥。盖《周书》论辞，贵乎体要；尼父陈训，恶乎异端。[③]辞训之异，宜体于要。于是搦[④]笔和墨，乃始论文。

详观近代之论文者多矣。至于魏文述典；[⑤]陈思序书；[⑥]应玚《文论》；陆机《文赋》；[⑦]仲洽《流别》；弘范《翰林》：[⑧]各照隅隙，鲜观衢路，或臧否当时之才，或铨品前修之文，或泛举雅俗之旨，或撮题篇章之意。魏典密而不周，陈书辩而无当，应论华而疏略，陆赋巧而碎乱，《流别》精而少功，《翰

---

① 哀公问于颜阖曰："吾以仲尼为贞干，国其有瘳乎？"曰："仲尼方且饰羽而画，徒事华辞……夫何足以上民。"见《庄子·列御寇》。

② 《法言·寡见》："今之学也，非独为之华藻也，又从而绣其鞶帨。"鞶，pán，大带。帨，shuì，佩巾。

③ 《论语·为政》："攻乎异端，斯害也已。"

④ 搦，nuò，握持。

⑤ 即《典论·论文》，见《文选》。

⑥ 即陈思王《与杨德祖书》，见《文选》。

⑦ 应玚有《文质论》，见严可均辑《全后汉文》。陆机《文赋》见《文选》。

⑧ 仲洽即挚虞，有《文章流别论》，全文已佚，仅有十余条，见严可均辑《全晋文》。《晋书》李充字弘度，此云弘范，或其字两行。李充《翰林论》三卷，仅存数条于严可均辑《全晋文》。

林》浅而寡要。又君山公干之徒，[①]吉甫士龙之辈，[②]泛议文意，往往间出，并未能振叶以寻根，观澜而索源，不述先哲之诰，无益后生之虑。

盖《文心》之作也，本乎道，师乎圣，体乎经，酌乎纬，变乎骚。文之枢纽，亦云极矣。若乃论文叙笔，则囿别区分，原始以表末，释名以章义，选文以定篇，敷理以举统。上篇以上，纲领明矣。[③]至于剖情析采，[④]笼圈条贯，摛神性，图风势，苞会通，阅声字，崇替于《时序》，褒贬于《才略》，怊怅于《知音》，耿介于《程器》，长怀序志，以驭群篇。下篇以下，毛目显矣。[⑤]位理定名，彰乎

---

① 桓谭，字君山，著《新论》，颇有论文之言。刘公干论文语，仅见本书《风骨》《定势》所引两条。

② 应吉甫论文语，今无考。陆士龙与兄机书，大抵商量文事。

③ 本书前二十五篇为上篇。论文叙笔，谓自《明诗》至《哀吊》，皆论有韵之文；《杂文》《谐隐》两篇，或韵或不韵，故置于中；《史传》以下，则叙无韵之笔。“原始以表末”四句，可以《颂赞》篇示例：自“昔帝喾之世”起，至“相继于时矣”止，此原始以表末；“颂者，容也”二句，此释名以章义；“若夫子云之表充国”以下，此选文以定篇；“原夫颂惟典雅”以下，此敷理以举统。见黄侃《文心雕龙札记》。

④ 情，指《神思》以下诸篇。采，指《声律》以下诸篇。

⑤ 本书后二十五篇为下篇。毛目，毛举之目。

大《易》之数；其为文用，四十九篇而已。[1]

夫铨序一文为易，弥纶群言为难。虽复轻采毛发，深极骨髓，或有曲意密源，似近而远，辞所不载，亦不胜数矣。及其品列成文，有同乎旧谈者，非雷同也，势自不可异也。有异乎前论者，非苟异也，理自不可同也。[2]同之与异，不屑古今，擘肌分理，唯务折衷。按辔文雅之场，环络藻绘之府，亦几乎备矣！但言不尽意，圣人所难；识在瓶管，[3]何能矩矱？茫茫往代，既洗[4]予闻；眇眇来世，倘尘彼观也。

赞曰：生也有涯，无涯惟智。[5]逐物实难，凭性良易。傲岸泉石，[6]咀嚼文义。文果载心，余心有寄。

---

① 《易·系辞上》："大衍之数五十，其用四十有九。"大易，疑当作"大衍"，大衍，犹言大通。本书正文四十九篇，并本篇序文为五十篇。

② 同异是非，称心而论，不存成见，自少纷纭。故本书多袭前人之言，非必以己言为贵。

③ 挈瓶窥管，皆喻小智。

④ 洗，洗涤。

⑤ 《庄子·养生主》："吾生也有涯，而知也无涯，以有涯随无涯，殆已！"

⑥ 鲍照《代挽歌》："傲岸平生中，不为物所裁。"

**图书在版编目（CIP）数据**

文心雕龙 / 庄适选注；卜师霞校订 . — 北京：商务印书馆，2022
（学生国学丛书新编 / 王宁主编）
ISBN 978-7-100-21296-0

Ⅰ. ①文…　Ⅱ. ①庄… ②卜…　Ⅲ. ①文学理论—中国—南朝时代②《文心雕龙》—注释　Ⅳ. ①I206.391

中国版本图书馆 CIP 数据核字（2022）第 105116 号



学生国学丛书新编
**文心雕龙**
庄　适　选注
卜师霞　校订

---

商　务　印　书　馆　出　版
（北京王府井大街 36 号　邮政编码 100710）
商　务　印　书　馆　发　行
北京市十月印刷有限公司印刷
ISBN 978 - 7 - 100 - 21296 - 0

---

2022 年 8 月第 1 版　　开本 787 × 1092　1/32
2022 年 8 月北京第 1 次印刷　　印张 5 1/8

定价：39.00 元